भक्त ध्रुव

भक्त ध्रुव

सूर्यकान्त त्रिपाठी 'निराला'

राजकमल प्रकाशन

ISBN : 978-81-267-0551-1

मूल्य : 495

पहला संस्करण : 1986
छठा संस्करण : 2024

प्रकाशक : राजकमल प्रकाशन प्रा.लि.
1-बी, नेताजी सुभाष मार्ग, दरियागंज
नई दिल्ली-110 002
शाखाएँ : अशोक राजपथ, साइंस कॉलेज के सामने, पटना-800 006
पहली मंजिल, दरबारी बिल्डिंग, महात्मा गांधी मार्ग, प्रयागराज-211 001
1, अनमोल सोराबजी संतुक लेन, धोबी तलाव, मरीन लाइंस, मुम्बई-400 002
वेबसाइट : www.rajkamalprakashan.com
ई-मेल : info@rajkamalprakashan.com

मुद्रक : बी.के. ऑफसेट
नवीन शाहदरा दिल्ली-110 032

BHAKTA DHRUVA
Story by Suryakant Tripathi 'Nirala'

क्रम

भूमिका

किसी देश को उन्नति के शिखर पर फिर से संस्थापित करने का सबसे उत्तम उपाय यही है कि उसके बालकों की सार्वभौमिक शिक्षा की ओर ध्यान दिया जाय। उनके सामने देश के आदर्श-बालकों के चरित्र रक्खे जायँ। इस तरह उनकी शारीरिक दशा का सुधार तो होगा ही, साथ ही उनकी मानसिक और नैतिक उन्नति भी हो सकेगी और निकट भविष्य में वे देश के मुखोज्ज्वलकारी रत्न हो सकेंगे। ध्रुव-चरित्र बालकों के लिए सर्वथा अनुकरणीय है। उनके चरित्र के पाठ से बालकों में धर्मभाव, शुद्धता और सजीवता के आने के साथ-ही-साथ, उनमें एक प्रकार की वह कर्मनिष्ठा और एकाग्रता आयेगी, जिसके प्रभाव से वे सफलता की मंजिल पूरी करके ही दम लेंगे। ध्रुव के महान् चरित्र की कथा प्रत्येक बालक-बालिकाओं को पढ़ानी चाहिए। इस धर्मनिष्ठ और कर्त्तव्य-परायण बालक के चरित्र का चित्रण हमने यथासाध्य सरल भाषा में करने का प्रयत्न किया है। साथ ही, ईश्वर-प्राप्ति विषयक गूढ़ रहस्यों का उद्घाटन भी कर दिया गया है, ताकि धर्म के मार्ग से घातक कट्टरता का इस देश में लोप हो जाय, बच्चे हर प्रान्त और हर जाति के बालकों से सहानुभूति रखना सीखें। इतिः।

5.8.26

सूर्यकान्त त्रिपाठी

प्रथम परिच्छेद

पूर्वाभास

भारत के इतिहास में मनु परम प्रसिद्ध हैं, उन्होंने बड़ी कठोर तपस्या की थी। अपने कठोर तप के प्रताप से मनु मनुष्यों के पिता के आसन पर प्रतिष्ठित हैं। श्रुतिमार्ग को धर्मसम्मत रखने का इन्हें ही अधिकार दिया गया है। महाप्रलय में भी इनका नाश नहीं हुआ। मनुष्यों के बीज-रूप से, उनकी पुनः सृष्टि करने के लिए वे बच रहे थे। तपःप्रभाव से इनका शरीर पुष्ट, गठन सुन्दर और रंग गोरा था, ये पराक्रमी भी बड़े थे। वीर्यवान् और जितेन्द्रिय थे। संसार में मनुष्य जाति के प्रथम और मुख्य आदर्श यही कहलाते हैं।

मनुष्य-सृष्टि के पहले, महाप्रलय के द्वारा संसार का नाश हो जाता है। नाश के कारण ये हैं, मनुष्यों में मिथ्याचार की मात्रा बढ़ जाती है। व्रत-विधान, यज्ञदान, जप-तप सब नष्ट-भ्रष्ट हो जाते हैं। ब्राह्मणों में नीचता आ जाती है। शूद्रों में धर्म का भाव बढ़कर अन्त में महा अनर्थकारी दम्भ का रूप धारण कर लेता है। क्षत्रिय अपने वीर-कर्म से रहित और पतित होकर हत्याएँ करने लगते हैं। वैश्य नीच उपायों से धन-संग्रह करना अपना परम धर्म समझते हैं। राजा स्वेच्छाचार ग्रस्त हो जाता है। वर्णाश्रम धर्म का निशान भी संसार में नहीं रह जाता। चारों ओर अपनी डफली और अपना रागवाली कहावत चरितार्थ होती है। धर्म से च्युत होने के कारण लोग

अल्पायु होते हैं, उनमें असत्य भाषण, दूसरों को ठगकर अपनी जिन्दगी बसर करना, इस तरह के सैकड़ों दुराचार समा जाते हैं। बाल-विवाह और वृद्ध-विवाह की प्रथा प्रचलित हो जाती है। आठ-आठ और दस-दस वर्ष की बालिकाओं के सन्तान पैदा होने लगती है। सृष्टि में चारों ओर पाप की पताका फहराने लगती है। कलिकाल के उस अन्त समय में उसका नाश हो जाता है। पहले अनावृष्टि होती है। कई साल तक लगातार पानी न बरसने के कारण हरे-हरे पेड़-पौधे जलकर राख हो जाते हैं। अन्न नहीं पैदा होता। जीव-जन्तु भूखों मरने लगते हैं। फिर सूर्य भगवान् भी उग्र-रूप धारण कर लेते हैं। नदियों और तालाबों का पानी सूख जाता है। जल-जन्तु भी तड़फ-तड़फकर मौत के शिकार होते हैं। जब संसार का इस तरह, आधे से अधिक नाश हो जाता है, तब ईश्वर की इच्छा से बड़े काले-काले बादल आसमान को घेरकर प्रलय की वर्षा आरम्भ कर देते हैं। इतना अधिक जल होता है कि समुद्र का पानी उमड़कर जमीन के ऊपर आ जाता है। सब देश और गाँव बह जाते हैं। बड़े-बड़े पहाड़ों की चोटियाँ भी पानी के अन्दर हो जाती हैं। तब सम्पूर्ण सृष्टि विनाश को प्राप्त होती है।

जिस परमात्मा की इच्छा से संसार में प्रलय होता है, उसी की इच्छा से फिर सृष्टि उत्पन्न होती है। नाश और सृष्टि की लीला देखते रहना ही मानो सच्चिदानन्द भगवान् की यथार्थ इच्छा है।—इस बार महाप्रलय के बाद सृष्टि का क्रम फिर से शुरू हो गया था। जल-स्थल, जल-जीवों और स्थल-जन्तुओं की सृष्टि हो चुकी थी। शस्यश्यामला भूमि पर कुसुमित लताओं और गुंथों से वसन्त की वायु बहने लगी थी। जलाशयों में लहरों के साथ कमल का कौतुक होने लगा था। संसार के हृदय पर सजीवता विहार कर रही थी। यह स्वर्ण-युग था, सृष्टि की शोभा का पहला शृंगार। इस समय हिमालय के नीचे समतल गंगा और यमुना की तट-भूमि पर मनुष्यों की उत्पत्ति हुई।

सृष्टि की प्रथम छटा बड़ी विचित्र थी। वह शोभा आज तक विचारवान् मनुष्यों की आदर्श-मूर्ति हो रही है। उसी राज्य में बसने के लिए लोग

लालायित हो रहे हैं । अस्तु—मनु एक सभ्य जनसमुदाय के पालक थे । उनकी राजधानी बड़ी सुहावनी और अजीब-सी थी । उसमें आडम्बर न था । परन्तु उसकी वह उतनी ही श्री, औचित्य के आसन पर समासीन हो रही थी। सारांश यह कि चारुता हद दर्जे को पहुँची हुई थी। जिस गढ़ के अन्दर महाराज मनु रहते थे, उसके चारों ओर गहरी खाई खुदी थी। सदा वहाँ अथाह पानी भरा रहता था । गढ़ में घुसने के लिए बड़े-बड़े आठ फाटक थे । सब फाटकों से राजा के महल तक सीधा रास्ता गया हुआ था । रास्ते के दोनों ओर सुगन्धित फूलों के पेड़ लगे हुए थे । पेड़ों में भाँति-भाँति की लताएँ लिपटायी गयी थीं । जगह-जगह पर कुएँ और तालाब थे। हर फाटक पर एक-एक साथ कई सन्तरियों का पहरा रहता था । पुरी सब प्रकार से सुरक्षित थी । आदि-युग के मनुष्य भी बड़े बलवान और डील-डौल के बड़े हृष्ट-पुष्ट होते थे ।

सुराज्य था, इसलिए मनुष्यों में एक-दूसरे से प्रेम का बर्ताव था । ईर्ष्या की बेलि उस समय भारत-वसुन्धरा की छाती पर लहराने न पायी थी, न इससे किसी को क्षतिग्रस्त ही होना पड़ता था । सब लोग प्रसन्न रहते थे, सब लोग सम्पन्न थे । अभाव का अनुभव कभी किसी को स्वप्न में भी न होता था। राज्य की शृंखला में किसी प्रकार की शिथिलता न थी । सबके लिए राज्य का प्रबन्ध सुखकर था, और वह प्रजा के स्वत्वों पर ध्यान रखकर किया गया था । उसके अनुसार कार्य करने और उसी के अनुसार चलने की प्रजा की हार्दिक अभिलाषा थी । सदाचार, स्पष्टवादिता, निरहंकारिता, मधुर आलाप, मितव्ययिता, व्यायाम, हास्य-प्रमोद आदि के लिए लोगों को उपदेश दिये जाते और उन्हीं के अनुसार उनसे काम भी लिया जाता था । प्रजा से लिया गया कर प्रजा के हित के लिए ही खर्च होता था । धर्मनिष्ठ ब्राह्मणों को राज्य की ओर से काफी सहायता मिलती थी । वे निश्चिन्त होकर तीनों वर्णों के बालकों को उचित शिक्षाएँ देते और ब्रह्मचर्य के नियमों का पालन कराते थे । कभी किसी की सन्तान को बाल्यकाल में ही काल का ग्रास होते नहीं देखा गया। विवाह शास्त्रीय रीति से हुआ करता था। कभी बाल-विवाह या वृद्ध-विवाह नहीं होता था । उस समय अबकी तरह बाल-विवाह

की व्यर्थ प्रशंसा भारतवर्ष में न होती थी। आदि-सृष्टि में मनुष्य हर तरह से सुख और शान्तिपूर्वक अपना जीवन व्यतीत करते थे।

महाराज मनु केवल तपस्वी ही न थे, वे बड़े नीतिज्ञ और मनुष्य-चरित्र के ज्ञाता थे। उन्हें ज्ञान-विज्ञान, राजनीति और धर्मनीति, समाज और शासन, सब विषयों का पूर्ण ज्ञान था। किस तरह से राज्य की परिस्थिति में सुधार करना राजा के लिए आदर्श कार्य कहलाता है, किस तरह की रीतियों का अनुसरण किया जाय, तो प्रजा में पारस्परिक प्रेम-भाव दृढ़ होता है, किन विधानों की रचना हो तो प्रजा आदर्श-भ्रष्ट नहीं होती, किस मार्ग पर रहना मनुष्य जाति के लिए सबसे बड़ा धर्म है, संसार में किस उपाय से थोड़े समय में काफी ज्ञान संचय हो सकता है, बालकों की तन्दुरुस्ती के लिए गुरु-कुलों में किस-किस तरह की व्यायाम-प्रणालियों का प्रचलन किया जाय, इस तरह की आवश्यक सैकड़ों बातों पर विचार होता था और निर्णय हो चुकने पर उस विषय पर अमल किया जाता था।

महाराज मनु की देह भी बड़ी ही सुसंगठित थी। तपे हुए सोने का-सा गोरा रंग, काले और चमकीले बाल, ललाट प्रशस्त और तेजोव्यंजक—शुकतुण्डसी नासिका, बड़ी-बड़ी रतनार आँखें, स्फूर्ति और कान्ति से चमकती हुई शेर की-सी गर्दन, आजानुलम्बित बाँहें हाथी की सूंड-सी, भरी हुई छाती गज-भर की चौड़ी और ऊँची, कमर-पेटी का सारा मांस, जैसे खिचकर ऊपर सीने में चला गया हो, केले के खम्भों की-सी जाँघें। महाराज की देह देखकर बड़े-बड़े पहलवान उनकी तारीफ किया करते थे कि ऐसा जवान हमने और कहीं नहीं देखा। उनका लोगों के प्रति व्यवहार भी बड़ा मधुर और सरल होता था।

महाराज मनु के दो पुत्र हुए, प्रियव्रत और उत्तानपाद। पिता की तरह उत्तानपाद भी बड़े तेजस्वी और पराक्रमी हुए। इनमें क्षत्रियत्व का प्रकाश ज्यादा था। लड़ना-भिड़ना, डण्ड-बैठक करना, तीर चलाना, शिकार खेलना, इन विषयों पर खासतौर से उन्हें प्रेम था। ये घोड़े की सवारी बहुत पसन्द करते थे। सौन्दर्य और सुकुमारता में ये पिता से भी बढ़कर थे। बाल्यकाल

में सम्पूर्ण शिक्षा प्राप्त कर यौवन की तरुणता में पदार्पण करते ही उत्तानपाद की प्रतिभा बहुत चमकी। प्रजाजनों में इनकी बड़ी तारीफ होने लगी। जिस तरह प्राचीन वृक्ष के रहते हुए भी, नवीन पल्लवोंवाले पौधे के नीचे बैठकर ही वागवान को सन्तोष अधिक होता है, उसी तरह उत्तानपाद की छाया में रहकर प्रजाजन महाराज मनु को भूलने-से लगे थे। मनु को भी पुत्र की सर्वप्रियता पर परम सन्तोष हुआ। वे भी यही चाहते थे। उत्तानपाद को राज्यकार्य की शिक्षा में अपने रहते हुए ही पारदर्शी कर देने के लिए उन्होंने युवराज के पद पर अभिषिक्त कर दिया। राज्य की परिचालना में पिता को उत्तानपाद ने अपनी काफी योग्यता का परिचय दिया। मनु को भरोसा हो गया कि पुत्र की शक्ति में सन्देह करने की कोई जगह नहीं है। अब भविष्य के लिए प्रजा और राज्य निष्कण्टक हो गये। महाराज मनु को अपनी अनुपस्थिति से प्रजा के दुःखों की जो शंका हो रही थी, वह जाती रही। वे निश्चिन्त होकर ईश-भजन करने लगे। धीरे-धीरे राज्य के तथा पुत्र के साथ और अपनी प्यारी प्रजा के साथ ही उन्होंने चिरकाल के लिए सम्बन्ध परित्याग कर दिया। अपना सम्पूर्ण समय ईश्वरोपासना में बिताने की लालसा से राजधानी छोड़कर वे अगम अरण्य के अधिवासी हो गये।

पिता के वाणप्रस्थ ग्रहण कर लेने पर पहले-पहल उत्तानपाद को असुविधा-सी हुई। बहुत दिनों तक तो उनका चित्त पिता के लिए उदास रहा करता था। इसके पश्चात् एकाएक सिर पर राज्य का तमाम भार आ जाने के कारण जी ऊबने और घबराने लगा था। परन्तु धीरे-धीरे ये अड़चनें टल गयीं। अभ्यास हो गया। पिता का वियोग भी विस्मरण के अथाह सागर में डूबकर चिरकालिक श्रद्धा के रूप में स्थित हो गया। प्रजा-रञ्जन के उत्तरदायित्व को वे समझते थे। इसलिए चिन्ताग्रस्त रहते हुए भी उन्हें प्रजा की भलाई के लिए हर एक प्रबन्ध पर देखभाल करनी पड़ती थी। किसी तरह उन्हें मन्त्रियों के मण्डल से मुक्ति नहीं मिलती थी। रोज एक-न-एक आवश्यकता उनके पीछे पड़ी ही रहती थी। यौवन का उत्साह था, हृदय में धर्म की रुचि भी थी, अपना कर्तव्य भी वे समझते थे। इसलिए वे कार्य में

कभी शिथिलता नहीं आने देते थे।

उनमें व्यसन कुछ न था। शिकार खेलने के सिवा दिल-बहलाव के लिए क्षत्रियोचित कर्म की पुष्टि करनेवाला कोई और साधन उनके पास न था। नृत्य-गीत आदि राजाओं-महाराजाओं के अपरिहार्य व्यसनों में उनकी रुचि न थी। मनोरंजन जो कुछ उनके पास था, वह उनकी सती पत्नी रानी सुनीति देवी थीं। उन्हें वे बहुत प्यार करते थे। उन्हें प्यार करने के उनमें गुण भी यथेष्ट थे। उनका स्वभाव जैसा मधुर था, रूप भी उनका वैसा ही सराहनीय था। अंग-अंग से मानो चाँदनी बरस रही थी। मुख पर मुस्कराहट बनी रहती थी। उसमें पति के प्रति उनका प्रेम, उनकी श्रद्धा और अटल विश्वास की रेखा अंकित हो जाती थी। उस समय तरुणता की वे प्रथम अभिनेत्री हो रही थीं। तात्पर्य यह कि उनकी रूप-सुधा का अगाध समुद्र उत्ताल तरंगें ले रहा था, परन्तु सुनीति के भोलेपन को इसकी खबर न थी, उनकी शिशुता की चपलता बहुत दिन पहले ही उन्हें छोड़कर विदा हो गयी थी, परन्तु इन्हें इसका ज्ञान न था। एक स्वर्गीय स्थैर्य उन पर धीरे-धीरे अधिकार फैला रहा था, परन्तु उन्हें इसका कुछ भी आभास नहीं मिला। वे अपने जीवन की नदी में निराधार बहती हुई केवल अपने पति की बाँह को पकड़े हुए थीं। यह इतनी ही उनके ज्ञान की सीमा थी, इतनी ही उन्हें खबर थी। अपने सौन्दर्य की अक्षय विभूति पर उनका मन न रमता था, रमे भी कैसे, वह जानता न था कि उसके अन्दर इतनी शोभा छिपी हुई है। ज्ञान, ध्यान, चिन्ता, प्रेम, स्पर्श, स्वप्न सबकुछ उनके लिए पति हो रहे थे।

रानी की भावना पर महाराज उत्तानपाद भी मुग्ध थे। सम्पूर्ण श्रम रानी की प्यार-भरी उमड़ती हुई दोनों आँखों को देखते ही मिट जाता था। उन आँखों से जो अमृत महाराज के चिन्ताक्लिष्ट हृदय पर निकलकर झरता था, उससे उनकी सारी ज्वाला शीतल हो जाती थी। उस अमृत का पान, उनके हृदय से इन्द्र-पद की प्राप्ति की आशा भी हटा लेता था, वे अपने उसी सुख पर तृप्त रहते थे। लालसा की लगाम ढीली तो थी, पर मन की चंचलता मर गयी थी। हृदय में वैराग्य की आग तो नहीं जलती थी, पर रानी के दुर्ग

में दूसरी वासना का प्रवेश न हो पाता था। महाराज उत्तानपाद की सम्पूर्ण आशाएँ, सारी वृत्तियाँ, तरंगों की तरह, उस एक ही समुद्र में समा रही थीं। वहाँ से चित्त को हटाते हुए उन्हें कष्ट होता था। प्रवाह को फेरने की शक्ति उनमें न थी, स्वभावतः उनका एकाग्र प्रेम रानी के प्रेम-पयोधि की परिधि में गिर रहा था। रेणुओं की तरह अगणित वासनाएँ उस एक फूल के अन्दर समा रही थीं। महाराज को उस एक ही वीणा से अगणित राग-रागिनियाँ सुनायी दे रही थीं।

तरुणता का प्रथम-परिचय समाप्त हो गया। यौवन की सजी फुलवाड़ी में स्वच्छन्द विहार होने लगा। इस उद्यान में यौवन का पार्ट दोनों बड़ी खूबी से अदा कर रहे थे। वही दोनों अभिनेता भी थे और श्रोता भी। कई पर्दे उठे और गिरे। दीर्घकाल तक यह अभिनय होता रहा। समाप्ति तक मानो कोई नहीं पहुँचना चाहता, न अधूरा खेल छोड़ने की किसी की इच्छा ही थी। फिर भी दोनों के अज्ञात भाव ने दोनों को उस अवस्था पर लाकर खड़ा कर दिया, जहाँ से एक बार मनुष्य अपने अतीत और भविष्य जीवन पर ज़रा देर के लिए दृष्टिपात करता है। महाराज ने भी अपना अतीत जीवन देखा, उसकी समालोचना की, फिर भविष्य की ओर देखा तो कुछ शंकित हो गये, कुछ चिन्ता-सी हुई। वह चिन्ता उनके मन में स्थायी हो गयी। जब-तब उन्हें अन्यमनस्क कर देने लगी। वे एक दूर भविष्य को देखकर उदास हो जाते, चेहरा गिर जाता, प्रेम की भरी हुई प्याली एक ओर रक्खी रहती, चित्त की चाह हट जाती। रानी को पहले इसकी विशेष फिक्र न होती थी, परन्तु महाराज की उदासीनता का कारण वे एकान्त में मन-ही-मन तलाश करने लगीं, तो उन्हें अपनी आत्मा में ही उसका बीज मिल गया। परन्तु पहले-पहल उन्होंने अपने भाव को पति से छिपाया। पति की आकांक्षा पूरी करने की चेष्टा की, परन्तु एक दूसरे उपाय से, शायद यह स्त्री जाति की स्वाभाविक प्रवृत्ति है।

एक दिन सन्ध्या से कुछ पहले महाराज उत्तानपाद अपनी प्रेयसी रानी सुनीति देवी को साथ लेकर जनाना-बाग में टहल रहे थे। धीमी मधुर वायु

बह रही थी। डालियाँ डोलती हुई सखियों की तरह बड़ी श्रद्धा से दोनों प्रेमियों का स्वागत कर रही थीं। चिड़ियाँ पेड़ पर से स्वागत की रागिनी अलाप रही थीं। पलास के पल्लव तालियाँ दे रहे थे। हेमन्त की स्वर्ण-सन्ध्या भी आकर मिलने के लिए उतावली हो रही थी। सूर्य-किरणों की बची हुई प्रखरता, गुलाबी जाड़े में बड़ी कोमल मालूम पड़ रही थी। बड़े स्नेह से दोनों के मुख पर चिर-परिचय की चारुता अधिक से अधिकतर खिलती जा रही थी। महाराज रानी के साथ वार्त्तालाप करते हुए भी कुछ चिन्तित से हो रहे थे। उसी समय प्यार से पति का हाथ अपने हाथ में ले रानी ने कहा, "महाराज, मुझे एक अभिलाषा हो रही है। तुम्हारी आज्ञा हो तो तुम्हें सुना दूँ।"

उसी तरह चिन्तामग्न से हुए महाराज उत्तानपाद ने कहा, "अभिलाषा का होना विचित्र क्या है? नयी-नयी वासनाएँ तो आया ही करती हैं। कहो, मैं यथाशक्ति तुम्हारी अभिलाषा अवश्य पूरी करूँगा।"

रानी, "महाराज, आप उदास रहा करते हैं। मैं आज कई दिनों से देख रही हूँ, आपकी यह उदासी दिनोंदिन बढ़ती ही जा रही है। मेरी इच्छा है कि आप एक दूसरा विवाह कर लें। मेरा मन कह रहा है कि आप विवाह करेंगे, तो आपकी चिन्ताएँ अवश्य मिट जायँगी।"

राजा, "नहीं तो—मैं विवाह के लिए तो कभी भी उदास नहीं रहा करता। मेरी उदासी की दवा विवाह है, यह भी तुमने खूब कहा! परन्तु मैं एक बात कहूँगा, तुम्हें धक्का लगेगा, तुम्हें चोट आयेगी।"

रानी, "नहीं, मैं सच कहती हूँ, तुम्हें एतबार न होगा, मुझे बिलकुल धक्का न लगेगा। मैं सुखी हूँगी। सच कहती हूँ, मैं सुखी ही हूँगी। तुम्हें अगर उससे सुख होगा, तो मुझे बिलकुल दुःख नहीं। क्या बात है वह?"

उत्तानपाद कुछ देर मौन रह गये। कहा, "अच्छा, मैं दूसरा विवाह कर लूँगा तो क्या तुम्हें कष्ट न होगा?"

रानी चुपचाप जमीन ताकने लगीं।

राजा, "चुप हो रही? मेरी भी इच्छा नहीं है कि मैं दूसरा विवाह

करूं। मुझे विश्वास नहीं कि दूसरा विवाह करूँगा तो मेरा मनोरथ सफल होगा।"

रानी, "मुझे भी विश्वास नहीं कि दूसरा विवाह करके तुम मुझे भूल जाओगे। अगर तुम मुझे याद रक्खो तो बस, मैं और कुछ नहीं चाहती। तुम विश्वास करो, मुझे और कुछ नहीं चाहिए।"

राजा, "मैं जानता हूँ तुम क्यों मुझे विवाह करने के लिए इतना कह रही हो, परन्तु लड़का नहीं होता तो इस पर हमारा-तुम्हारा भला क्या बस है? ईश्वर की ऐसी ही इच्छा है, तो कोई क्या करे?"

रानी, "परन्तु अपनी-भर तो लोग करते ही हैं। सब बोझ ईश्वर पर ही लादा जायगा, तो कैसे काम चलेगा? देखो—मेरी भी बड़ी लालसा है कि बच्चे को गोद में लूं, खिलाऊँ और उसके साथ खेलूं। मेरी लालसा क्या तुम पूरी न करोगे?"

महाराज उत्तानपाद हंसते हुए रानी के साथ सन्ध्या हो जाने पर अपने महल को चले आये।

द्वितीय परिच्छेद

सुनीति का निर्वासन

रानी की इच्छा पूरी हुई। वासना की लहलहाती लता पर एक बार मधुर-वासन्ती वायु का झोंका लगा। ताप का दुःख मिट गया। एक बार फिर हरियाली की तरह पात-पात पर फैली हुई लहालोट होने लगी। भविष्य की आशा, तरह-तरह के रंगीन दिल को बहलाकर कुछ देर के लिए उलझा रखनेवाले चित्र, आँखों के सामने ला-लाकर मुग्ध करने लगे। उसी भावना में रानी अपने सुख की भावी इमारत की इच्छानुसार नींव डालने लगी। कितनी ही बातें एकसाथ बुलबुले की तरह उठने और एक दूसरी सुखकर उद्‌भावना के धक्के से फूटने लगीं। रानी का यह स्वप्न दूर न हुआ, जब तक आँखों के सामने से यह मोह का पर्दा हट नहीं गया।

रानी की इच्छा थी, दूसरे राजगद्दी के लिए महाराज भी चिन्तित रहा करते थे। पुत्र की कामना से विवाह करना निश्चय हो गया। महाराज के मन्त्रियों ने और सभासदों ने भी समझाया कि दूसरा विवाह कर लेना उनके लिए बहुत आवश्यक और धर्म में दाखिल है। दबाव बहुत ज्यादा पड़ा, महाराज के दिल में भी बात धँस गयी कि विवाह करना बहुत आवश्यक है।

फिर क्या था ? राजा के विवाह में न कभी देर हुई, न होती है। उधर महाराज उत्तानपाद कुल में, धन में, रूप-गुण में, सब तरह से लायक थे।

बड़े-बड़े इज्जतदार उनसे अपनी लड़की को ब्याहने के लिए लालायित थे। लेकिन लड़की के लिए जितने लक्षण रानी ने गिनाये थे, उनमें से किसी-न-किसी की कमी हरएक में निकल आती थी। सबसे बड़ी बात तो यह थी कि लड़की सर्वाङ्गसुन्दर, रानी से अधिक रूपवती हो, यह आज्ञा खास तौर से रानी की ओर से दी गयी थी। बड़ी छान-बीन और खोज-तलाश के बाद एक लड़की मिली। देखुए लड़की को देखकर प्रसन्न हो गये। उसका मुख क्या था, खिला हुआ गुलाब का फूल था। लड़की का नाम सुरुचि था। विवाह हो गया।

शुभ लग्न में महाराज उत्तानपाद सुरुचि देवी का पाणिग्रहण कर उसे अपने रनवास में ले आये। महारानी सुनीति ने अपनी छोटी सौत का बड़ा आदर-स्वागत किया। उसकी बड़ी खातिरदारी करती रहीं। उसे तरह-तरह के वस्त्राभूषण, कभी-कभी अपने ही हाथों से फूलों का गजरा गूँथकर पहनातीं। उसे अपनी छोटी बहन से ज्यादा मानने लगीं। सुरुचि भी रानी के प्यार पर रीझ गयी। मायके का वियोग उसे बहुत जल्दी भूल गया। वह सुनीति के त्याग पर चकित हो गयी। उसके मायके में सौत से जिस तरह होशियार रहने के लिए सिखलाया गया था, यहाँ उसकी बिलकुल प्रतिकूलता देखकर उसके हृदय की कलुषित भावना तिरोहित हो गयी। द्वेष का भाव भरने के बदले सुनीति को वह भी प्यार करने लगी। कभी-कभी महाराज से सुनीति की खातिरदारी और प्रीति की चर्चा भी चलाती थी। सुनीति की प्रशंसा महाराज भी किया करते और इस विवाह की जड़ में सुनीति की ही आज्ञा है, यह भी कभी-कभी खुले हृदय से कह डालते थे। सुरुचि को सुनीति पर सन्देह न था।

धीरे-धीरे काल व्यतीत होने लगा। महाराज उत्तानपाद की आँखें स्वर्गसुख का सुहावना स्वप्न देख रही थीं। अब के वे रूप-सरोवर पर एक दूसरे ढंग से तैर रहे थे। सुनीति के साथ जब तैरे थे, तब प्रतिद्वन्दिता न थी, प्रेम था,—जैसे दोनों एक अजानी इच्छा के वश तैर रहे हों—जैसे किसी खास कारण से न तैरते हों—मानो एक-दूसरे से कोई जोड़ नहीं है—तैरकर

जैसे दोनों एक खिलवाड़ कर रहे हों। परन्तु अब के वह भाव न था। अब नसों में उत्तेजना थी। आँखों में मादकता थी। हृदय में विजय की बाजी मारने की प्रवृत्ति चक्कर काट रही थी। मस्तिष्क में स्पर्द्धापूर्वक हुनर दिखलाने की तजबीजें पैदा हो रही थीं। उस वार हाथ में अमृत का प्याला था, अब के तीखी शराब थी। उस वार आनन्द था, अब के था नशा। उस वार प्रेम था, अब के था—रूप का मोह!

लेकिन महाराज को इस भेद का ज्ञान नहीं रहा। उन्हें यह शराब अमृत से भी बढ़कर जान पड़ने लगी। यही नशा उन्हें जीवन का सबसे श्रेष्ठ सुख जँचने लगा। यह सत्य और वह भ्रम हो गया। इसी पर वे निछावर हो गये। इसे ही उन्होंने अपनाया। यही उनके मन्दिर की ध्यान-मूर्ति बन गयी। महाराज की बाढ़ का पानी अभी घटा नहीं था। वीर्य की विजय, तेज की तीव्रता, यौवन की माया आँखों से हटी नहीं थी, कमजोर पड़ने का कोई लक्षण भी न आया था। सब उन्हें पूर्ववत् ही जान पड़ता था। रूप, रस-रंग, यौवन सबकुछ पहले ही का-सा था। सिर्फ स्वभाव कुछ और हो गया था, जिसे वे समझ नहीं सके। न कोशिश की, न तुलना की, एकसाथ मन के सामने न कभी दोनों को रखकर देखा, न समझे। मन को मंजूर हुआ बस डूब गये, फिर उभरने की याद भी जाती रही। आनन्द मिला। भूल गये। इच्छा वहीं धँसी रही। फिर मौका नहीं मिला। क्या करते? लाचार थे। जिस चाँद के लिए कभी स्वप्न देखा था कि हाथ आया, वह सचमुच हाथ आया, इतना आनन्द हुआ। उस आनन्द में विवश हो अपने को बहा दिया। महाराज सुरुचि के हो गये। सुरुचि महाराज की। कौल-करार भूल गया—सुनीति का मुखड़ा जैसे एक धुंधला-सा कुछ हो गया। उस प्रवाह में भी कुछ दिन सुनीति का चेहरा नवीन सुरुचि के साथ बहता रहा।

समय बदला, भावना भी बदल गयी, साथ ही कार्य भी बदलने पर तोले जाने लगे। बात यह हुई कि सुरुचि के साथ उसके मैके से एक राक्षसी-दासी आयी थी, उसका स्वभाव कुटिल था। सुनीति इसकी आँख की किरकिरी थी। वह अपनी मालकिन की सौत का बड़प्पन एक क्षणभर भी न सह

सकती थी। पहले-पहल जब आयी थी विरोध करने की हिम्मत न पड़ती थी। जी डरता था कि कहीं काम उल्टा न समझा जाय। धीरे-धीरे महाराज पर सुरुचि का प्रभाव देखा, ओट-झोट से महाराज के कमजोर दिल पर सुरुचि के रूप का सिक्का जमा हुआ देखा तो एतबार हुआ, दिल में मजबूती आयी। अपना जाल बिछाने लगी। एक दिन सुरुचि को उसने बहुत डाँटा। भविष्य के लिए चेतावनी दी। दो-चार उदाहरण दिये। गोया सप्रमाण सिद्ध कर दिया कि अब ज्यादा दिनों तक अपनी खाला सौत के साथ रहोगी, तो समझ लो कि महल में बैठने की भी जगह न रहेगी। जमीन पहले ही से तैयार थी! सिर्फ कुछ दिनों के लिए पटाकर डाल रक्खी गयी थी। दासी ने मौका देख खूब जोतकर बीज बो दिया।

सुरुचि को विश्वास हो गया कि दासी का कहना बहुत ठीक है। बचपन से वह उसी दासी की गोद में पलकर बड़ी हुई थी, मन सदा के लिए उससे दब गया था। उसका अदब मानती थी। वह दासी भी थी और उसकी आचार्या भी। उसकी बात पर सन्देह करना सुरुचि ने कभी सीखा न था, उसे आदत ही न थी, न वह अब तक साथ रहकर भी अपनी दासी से सुनीति को किसी हद में बड़ी देख सकी थी। सुनीति को मानती थी, चाहती थी, यह सबकुछ तो था, पर अपनी दासी से ज्यादा अदब वह सुनीति का नहीं कर सकी थी, न इस पर वह उसका हक ही समझती थी।

सुरुचि की दासी को उसके गुणों के अनुसार हम कुटिला कह सकते हैं। पहले तो कुछ दिनों तक वह कुटिला सुरुचि के कान भरती रही। जब चेली तैयार हो गयी, तब गुरु-मन्त्र दिया जाने लगा। कभी-कभी उसकी दृढ़ता की परीक्षा भी ली जाने लगी। एक दिन कुटिला ने बहुत दूर की सुझायी, कहा कि फन्दा बनाकर मैंने तुम्हें दे दिया, अब दुश्मन के गले में डालना तुम्हारा काम है! खूब होशियार रहना। अपने वार पर चूक गयी, तो फिर सदा के लिए पछताना होगा। वार वह जो अचूक बैठे। तुम क्या जानो अभी कि सौतिया डाह किसे कहते हैं। तुम तो चुपचाप बैठी रहती हो और तुम्हारी सौत तुम्हें मिलाकर मारना चाहती है। मीठी-मीठी बातों

पर न आओ, जहर इन्हीं बातों में रहता है। कहा भी तो है कि,—ठाढा तिलक औ मधुरी बानी, दगाबाज की यही निसानी।—सुनो, राजा अब तुम्हारी मुट्ठी में है। समय रहते ही अपना काँटा निकाल लो। कहो कि सुनीति कुराह पर चल रही है। वह व्यभिचार करती है। इसका बहुत जल्द प्रतिकार होना चाहिए। नहीं तो नाक कट जायेगी। तुम बारूद लगा दो, धड़ाका होगा ही।

जादू असर कर गया। महाराज को छोटी रानी के मुख से बड़ी रानी के व्यभिचार की बातें सुनकर, विश्वास हो गया। आज महाराज उत्तानपाद अपने जीवन की उस सीढ़ी पर थे, जहाँ से नीचे खड़ी हुई बेचारी सुनीति पर उनकी नजर न पड़ती थी, न इतने नीचे की बात उनके कानों तक पहुँचती थी। उन्हें सुनीति के शीतल सरोवर की आवश्यकता न थी। वे एक दूसरे ही दीपक के पतंग हो चुके थे। उस दीपक की ज्योति ने उनकी बुद्धि, विद्या, ज्ञान और विवेक सबकुछ हर लिया था। मोह की क्षणिक रेखा ही उन्हें सत्य की झलक-सी मालूम होने लगी थी। महारानी सुनीति के विरोध से रानी सुरुचि को खड़ी होते देखकर एक बार के लिए भी उनके मन में किसी प्रकार का सन्देह, किसी प्रकार की जिज्ञासा पैदा नहीं हुई। जब वह सुनीति पर अभियोग लगा रही थी, उस समय सुरुचि की चारुता, अभियोग लगाते समय की मुखच्छटा, अंग विकास में तरह-तरह की सौन्दर्य की रश्मियों का रानी पर पड़ना, अंग भंगियों में नारी-सौन्दर्य की पराकाष्ठा, यही सब देख रहे थे। अभियोग की ओर ज़रा भी मन न था। वे निश्चल नेत्रों से रूप-मद पी रहे थे, और रानी की विरोधिनी बातें समाप्त हो जाने पर चुपचाप उन पर विश्वास कर रहे थे। महाराज के मन को सुरुचि को छोड़कर सुनीति की ओर ताकना भाता ही न था। उन्होंने सुनीति पर विचार भी न किया। सुरुचि की बातों में कभी असत्य की छाया रह सकती है, उन्हें इतना बड़ा विश्वास न हो सका। वे सुरुचि को दोषी नहीं देख सके और देखना चाहते भी न थे। सुरुचि का अभियोग सुनकर महाराज ने कहा, "मुझे विश्वास न था कि स्त्री-चरित्र का जादू इस दर्जे तक पहुँच सकता है!

खैर, अब उसे क्या सज़ा दी जाय, आज ही इसका निश्चय भी हो जाना चाहिए।"

भौएँ सिकोड़, आँखों में सुनीति के प्रति वैराग्य का भाव भरकर सुरुचि ने कहा, "वाह ! सज़ा भला मैं क्या जानूँ ? जो कुछ तुम चाहो करो—भला मुझे क्यों लपेटते हो ? मेरा तो दूर से देखकर ही जी निकल रहा है। हिम्मत की हद है और क्या कहूँ। न लाज रही, न इज्जत। अरे कुछ तो विचार करती। उसने दोनों कुलों को धो दिया !"

सुरुचि के उपदेश-भरे आश्चर्य पर महाराज का रहा-सहा सन्देह भी दूर हो गया। बात उनके दिल में जम गयी। सुनीति को व्यभिचारिणी जानकर तत्काल ही उसके दण्ड की आज्ञा उन्होंने सुना दी। चिरकाल के लिए गहन जंगल में कुटी बनाकर रहना, जन-स्थानों में कभी मुख न दिखलाना, यह महारानी सुनीति के पाप का दण्ड हुआ। मन्त्री को दण्ड की आज्ञा सुनाकर महाराज उत्तानपाद फिर रानी सुरुचि के महल में चले गये। आज्ञा सुना देने के बाद दण्डित और दण्ड दोनों का ध्यान महाराज के चित्त से उतर गया। वे अपने प्रेम की लहरों में छाया की तरह फिर वही सजीवता का स्वाँग करने लगे।

खबर रानी के पास भी पहुँची। सुबह की शिशिर से धुली, शान्ति की गोद में जीवन की निरपराध घड़ियाँ काटनेवाली मालती का चिरकालिक आधार टूट गया। आज्ञा के सुनते ही महारानी सुनीति बेहोश होकर गिर गयीं। दासियाँ उनकी सेवा करने लगीं। कोई मुख पर ठण्डे पानी के छींटे देने लगी, कोई पंखा झलने लगी। बड़ी देर के बाद उन्हें होश आया। उठकर बैठ गयीं। अपराध कहीं कुछ था ही नहीं, उसके सम्बन्ध में मन में सोचती ही क्या ? उसकी गति अतीत की ओर हुई। एकसाथ बहुत-सी बातें अतीत के अन्धकार से किरणों की तरह आँखों के सामने आकर फैल गयीं। उनमें बड़ी चमक-दमक थी। पर वह प्रकाश रानी के लिए नहीं था। याद आयी—विवाह के बाद राजमहल के अन्दर की पहली रात, याद आयी—समय-समय पर की गयी महाराज उत्तानपाद की अगणित प्रतिज्ञाएँ,

याद आयी—महाराज की सरलता, प्रीति और प्रिया के प्रति उनकी अगाध अनुरक्ति। कुछ देर के लिए दण्डाज्ञा पर उन्हें अविश्वास हो गया। एक ओर महाराज की पहली मूर्ति थी और दूसरी ओर उन्हीं की दी हुई कठोर दण्डाज्ञा ! सुनीति के हृदय ने साफ इन्कार कर दिया, कहा,—"जिसकी आँखों में इतनी भावुकता है, जिसकी चितवन में इतना अपनाव है, वह कभी इतना कठोर नहीं हो सकता। जिसके हृदय में पुत्र के बिना भी पत्नी को हताश करने की आकांक्षा कभी नहीं पैदा हुई, जिसने सुनीति के आग्रह से ही विवाह किया है, वह कभी इतना कठोर नहीं हो सकता।"

महारानी सुनीति के हृदय से सन्देह का भाव जाता रहा। महाराज पर वे अविश्वास न कर सकीं। खबर उन्हें झूठी मालूम हुई। उनकी मनोभावना उस समय कुछ ऐसी हो रही थी कि दासियों को उनसे कुछ बोलने का साहस नहीं पड़ता था। कुछ स्वस्थ होकर उनकी इच्छा हुई कि चलकर महाराज से ही पूछना चाहिए कि क्या मामला है, वे उठीं। जिस मकान में उत्तानपाद कैद रहते थे, वह मकान उनका न जाना हुआ न था। अतीत का कौल आज याद है या नहीं, इतना ही वे महाराज से जानना चाहती थीं।

परन्तु ईश्वर ने बाधा दी। कदम उठाया तो हाथ जोड़कर सामने मन्त्री खड़ा हुआ दिखायी दिया। रानी रुक गयीं। उनके मुख पर उदासी की घटा उमड़ रही थी। होंठ काँप रहे थे। शंकित होकर रानी चुपचाप खड़ी रहीं। मन्त्री ने कहा, "देवी, क्षमा कीजिएगा, महाराज ने आपके लिए जो निर्दय आज्ञा दी है, उसका पालन-भार मुझे सौंपा गया है। महाराज की आज्ञा है, आप राजमहल को आज ही खाली कर दें ! जंगल में आपको रहने के लिए आदेश हुआ है। मैं आपको जंगल में छोड़ने के लिए आया हूँ। बाहर रथ तैयार है। चलिए। दास को क्षमा कीजिएगा। दास तो आज्ञा का पालन मात्र कर रहा है।"

तृतीय परिच्छेद

पुनर्मिलन

घोर जंगल के एक किनारे रथ लाकर खड़ा किया गया। मन्त्री उतर पड़े। फिर महारानी सुनीति देवी से उतरने की प्रार्थना की। रानी भी काठ की पुतली की तरह मन्त्री की प्रार्थना पर रथ से उतर आयीं। उनकी एक प्यारी दासी भी उनके साथ चली आयी थी। अपनी रानी का अपमान उससे नहीं सहा गया। उसने निश्चय कर लिया था कि सुख में जिनके साथ इतने दिनों तक रही, अब दुःख के समय में उन्हें छोड़ देना किसी प्रकार भी धर्म को सह्य न होगा। जंगल में रहकर ही अब अपनी मालकिन की सेवा किया करूँगी, यही मेरा धर्म है और इसी में मेरा कल्याण भी है।

मन्त्री हाथ जोड़कर खड़े हो गये। रानी के मुख पर दुःख के भीतर से जो स्वर्गीय ज्योति फूट रही थी, उसे देखकर उनका अन्तरात्मा उन्हें रानी के निर्दोष होने की वार-वार गवाही दे रहा था। अन्तरात्मा का इशारा मन्त्री को सत्य जान पड़ा। वे घुटने टेककर विनीत स्वर में बोले, "देवी, आप पर जैसा कलंक लगाया गया है, मुझे किसी तरह भी विश्वास नहीं होता, कि आप ऐसा कभी स्वप्न में भी कर सकती हैं। परन्तु दैव को क्या कहूँ। उसकी स्वेच्छाचारिता जब निरपराध लोगों को दण्ड देती है, तब हृदय से सत्य का विश्वास अन्तर्हित हो जाता है। आपको अधिक उपदेश देने की शक्ति मुझमें नहीं है। प्रार्थना है कि आप अपने इस पुत्र के अपराधों

को क्षमा करें।"

रथ लेकर मन्त्री विदा हो गये। रानी का हृदय चूर-चूर हो गया। दिल की लगन में आज तक जो रागिनी बजती आ रही थी, उसका नशा उतर गया। जिस फल की इच्छा ने तपती हुई बालू पर भृंगी की तरह उन्हें भटकाया था, उसका असली रूप उनकी आँखों के सामने आ गया। अतीत के साथ वर्तमान का जो अन्तर हुआ, उसने महारानी की आँखों में पड़ा हुआ मुद्दतों का पर्दा एकबारगी ही हटा दिया। उन्हें अपनी सच्ची स्थिति का अनुभव हो गया। गहरी नींद से मानो एकाएक आँख खुल गयी। स्वप्न की सारी सजीवता बालू के करार की तरह तरंग के एक ही थपेड़े से ढह गयी। गाँठ का धन जंगल में खो गया। अपना गला अपने ही फन्दे में फँसा। पहले के कुल कौल-इकरारों का खून हो गया। समस्त आशाएँ चकनाचूर हो गयीं। काम बना सौत का, जिसकी फुलवाड़ी उन्हीं की लगायी हुई थी। होम करते हुए हाथ जल गया। रानी आँसू पीकर रह गयीं। कोई उपाय न था, कोई चारा न था, इस दुःख में दासी के सिवा और कोई अपना सहारा न था। चारों ओर संसार पिशाचों के नग्न-ताण्डव से भरा हुआ अपनी-अपनी धुन में मस्त, अपने-अपने स्वार्थ की कुंजी लिये नरक के द्वार की ओर बढ़ता हुआ बड़ा भयानक जान पड़ने लगा। जी की धड़कन दूनी हो गयी। कुछ देर के लिए कलेजे पर अविश्वास का साँप लोटने लगा। नस-नस में उसका जहर फैल गया। अपने किये पर पछतावा होने लगा। समझ में आ गया कि अपनी जड़ मैंने खुद काटी है।

रानी का धैर्य उस समय चला गया था। सन्ध्या के आते ही हृदय की गति, हवा से चंचल हुई। तालाब की लहरों की तरह से क्षुब्ध हो उठी। बाँदी को रानी की मन की व्याकुलता मालूम हो गयी। इस अवस्था का भयंकर परिणाम भी वह समझ गयी। उसने नम्र होकर कहा, "रानीजी, मुझे ऐसा जान पड़ता है कि आपके चित्त में जैसे कोई अस्थिरता आ गयी हो। क्या अपने हाल पर तुम्हें बहुत दुःख हो रहा है ?"

सुनीति—"देख, मुझे दुःख अपने लिए नहीं हो रहा है, मुझे महाराज

पर बड़ा विश्वास था, क्यों री, क्या राजा को मेरे व्यभिचारिणी होने का सन्देह एक बार ही हो गया होगा ?"

दासी—"सन्देह कौन करता है। उनको सन्देह करने की फुरसत भी हो ! रानीजी, दुनियाँ में सब धोखा है। जिसके लिए तुम मरमिटीं, तुम न होतीं तो किसी कंगाल के घर की चक्की पीसतीं, तुम्हारी सौत—जूठे बरतन धोतीं, तुम्हारी ही बदौलत रानी बनी हैं, पर तुम्हें कैसा बदला दिया है और तुम उनकी खिदमत में लगी रहती थीं। बस यही स्वभाव सबका जानो। राजा को कुछ भी माया-ममता होती तो कभी यह दशा न करते !"

रानी—"यह मनुष्यों की कैसी प्रकृति है कि जिसके लिए कभी अपने सर्वस्व तक के दान कर देने का वचन देते हैं, उसे ही वे कुछ दिनों में भूल जाते हैं ! क्या यही प्रेम का परिणाम है ? लेकिन मुझे तो महाराज की उस दृष्टि की—उस भाव की जब याद आती है, तब हृदय अब भी एक ही बात, जैसी पहले कहा करता था, कहता है कि इन आँखों में सच्चा प्रेम है, इस भाव में छल-कपट का जहर नहीं मिला। दाँव-पेंच करनेवाले, दम-दिलासा देकर अपना मतलब गाँठनेवाले दूसरी तरह के होते हैं। क्या महाराज···"

दासी—"रानीजी, एक पेड़ की छाया में जिसे कभी सुख मिला हो; क्या तुम सोचती हो कि किसी दूसरे पेड़ की छाया में वह न बैठेगा। राह चलनेवाले थककर किसी छाया में अपना ताप शीतल करते हैं; परन्तु जब उसे छोड़कर अपने गन्तव्य स्थान की ओर चलते हैं और फिर उन्हें गरमी से कष्ट होता है, तब वे लौटकर कभी उसी छाया में अपना दाह मिटाने के लिए नहीं आते, तब दूसरी ही छाया की खोज करते हैं; जो उन्हें उनके मार्ग में ही मिल जाय। वे कभी लौटते नहीं, चाहे पीछे कितना ही सुख उन्हें क्यों न मिला हो, बल्कि भविष्य-सुख की आशा उनका अतीत-सुख भुला देती है।"

रानी—"हे ईश्वर ! स्त्री और पुरुष के भावों में यह आकाश-पाताल

का अन्तर ! स्त्री—पुरुष को अपने परलोक का देवता समझती है और पुरुष इस लोक में ही उसकी यह दशा कर सकता है ! मुझे अपने कष्टों के लिए चिन्ता नहीं है। परन्तु यदि यह आज्ञा प्रेमवश दी गयी होती, तो सुरुचि को सुखी करने के लिए मैं आनन्दपूर्वक जंगल में आकर रह सकती थी। परन्तु सच्चाई के भीतर यह क्या छिपा हुआ था !"

दासी—"रानीजी, महाराज रूप के मायाजाल में फँस गये हैं। अब पहले की भावना उनमें नहीं रही। अब उन्हें अपने मतलब-से-मतलब रह गया है। अब वे तुम्हारी पुरानी बातें भूल गये हैं, 'आँख ओट पहाड़ ओट।' जिस दिन तुमने उनके हाथ में उनकी लालसा का प्याला खुद लेकर रक्खा, उन्होंने पिया, नशा चढ़ा कि तुम्हें भूले ! अब न तो उनका वह नशा उतर सकता है और न पिछली बातों की उन्हें याद आ सकती है। जिसने आँखें फोड़ लीं, अब वह फिर आँख उठाकर न देखेगा। बिना किसी अपराध के जिसने घर से निकालकर बाहर कर दिया, चलते समय एक बार आकर दो बातें भी नहीं पूछीं, उसके ईमान का सौदा वहीं समाप्त हो चुका !"

रानी—"लेकिन दूसरे का अगर ईमान डिगता है, तो क्या मुझे भी अपने धर्म से हाथ धो लेने चाहिए? कसौटी पर सब सोना खरा नहीं उतरता। काँटों में उलझने के डर से कभी राह का चलना कोई नहीं छोड़ देता। हम स्त्रियों के लिए एकमात्र देवता—पति है। उनकी पूजा से पति, विमुख होकर भी मुझे निवृत्त नहीं कर सकते। यह सब ठीक तो है, परन्तु जब स्मरण हो आता है कि महाराज क्या थे और क्या हो गये, तब क्या कहूँ कि मेरी कैसी दशा हो जाती है। यह बिलकुल वैसी ही बात है जैसे कोई आकर कहे कि गुलाब में सुगन्ध नहीं, अथवा कमल जमीन पर खिलते हैं।"

रानी की विक्षिप्त अवस्था में कोई परिवर्तन नहीं हुआ। दासी अपनी मालकिन के दुःख को हृदय में रख उनकी सेवा के लिए तैयार हो गयी। जंगल से घास-फूस लाकर एक जगह उसने एक छोटी-सी कुटिया बनायी। इधर-उधर वहाँ कुछ ऋषियों के आश्रम भी थे। रहते-रहते रानी के साथ

ऋषि-पत्नियों का परिचय हो गया। उनके प्रेम में रहकर रानी का बहुत कुछ कष्ट दूर हो गया। उन्हें ज्ञान हुआ, वे समझीं कि संसार क्या है, यहाँ किस तरह रहना चाहिए और परलोक के लिए सांसारिक फन्दों से छुटकारा प्राप्त कर किस तरह तैयार रहना आवश्यक है। रानी सुनीति के हृदय का क्षोभ, दुःख, परिताप, अपमान, स्मरण-विस्मरण की ज्वाला, सब मिट गयी। ऋषियों के उपदेश से आत्मा की विमल ज्योति दिन-पर-दिन उज्ज्वलतर होकर निखरने लगी। पति के प्रेम का यथार्थ तत्त्व उनकी समझ में आ गया। पति के अन्दर परमात्मा का स्वरूप है, उस पर चित्त रमने लगा। तब ऐसा भाव पैदा हुआ कि पति चाहे सैकड़ों स्त्रियों के बीच में रहे, चाहे अपनी अनुगामिनी सती पत्नी का कितना ही निरादर क्यों न करे, पर वह सब समय, सब अवस्थाओं में स्त्री के लिए ईश्वर-कल्प और परम पूज्य है। ज्यों-ज्यों रानी का सत्य दृढ़ होता गया, त्यों-त्यों विकारों के समूह जो उनके शरीर में आश्रय पा रहे थे, नष्ट होते गये। रानी सत्य के ज्योति-लोक में रहने लगीं। उनकी सेवा करती हुई दासी की अन्तर्दृष्टि भी निर्मल होने लगी।

कालचक्र की गति बड़ी विचित्र है। कब क्या हो जाता है, कब क्या होने वाला है, इसका निर्धारण मनुष्य नहीं कर सकता। इसी नियम की परिवर्तन-शीलता से सिद्ध होता है कि सबके दिन एक-से नहीं रहते। कभी महाराज को रास्ते का फकीर होना पड़ता है और कभी रास्ते के भिक्षुक को स्वर्ण-सिंहासन पर बैठे हुए देखा जाता है। जिसमें कभी चलने की शक्ति नहीं रहती, उसे लोग कदम उठाकर राह तै करते हुए देखते हैं और जिसमें सब प्रकार की शक्तियों का भण्डार भरा रहता है, वह कभी अचल और मृत अवस्था में नजर आता है। जिस परमात्मा की इच्छा से संसार में दुःखी के हृदय में सुख की किरणें फूटतीं और सुखी की आत्मा में निराशा का रंग चढ़ता रहता है, उसने एक बड़ा विचित्र संघटन संघटित कर रखा है।

महाराज उत्तानपाद को शिकार का जबरदस्त शौक था। एक दिन कुछ सेना साथ लेकर जंगल में वे शिकार खेलने के लिए गये। जंगल का

कोना-कोना खोज डाला, पर कहीं भी कुछ न मिला। उन्होंने साथियों का संग छोड़ दिया। उनके गोल से निकलकर, जिधर जंगल घना था, शिकार की लालसा से उधर ही अपना घोड़ा बढ़ाया। उधर दिन बहुत थोड़ा रह गया था। जंगल में शिकार की तलाश करते-ही-करते शाम हो गयी। उनके साथी जंगल से बाहर निकलकर महाराज को तलाश करने लगे, परन्तु महाराज को बाहर निकलने की राह मालूम न थी, वे कुछ दूर घने जंगल में बढ़ गये थे। अब वे अपने साथियों से आकर न मिल सके। चारों ओर जंगल में भटकने लगे। आसमान पर सन्ध्या का अन्धकार गहरा हो गया था। इक्के-दुक्के तारों को छोड़ और कहीं कोई प्रकाश नजर न आता था। बड़े परेशान हुए। घोड़ा भी थक गया था। भटकते-फिरते जंगल में एक ओर पेड़ों के बीच से दीपक की रोशनी आती हुई दिखायी पड़ी। महाराज को भरोसा हुआ। जी में जी आया। उधर ही लक्ष्य करके धीरे-धीरे घोड़ा बढ़ाया।

दरवाजे पर पहुँचे। आवाज दी, दासी ने आकर फूस की टट्टी खोल दी। महाराज को भीतर ले गयी। घोड़ा द्वार पर एक पेड़ की डाली से बाँधकर महाराज दासी के साथ उस कुटिया के भीतर गये। उस समय भारतवर्ष में अतिथि को देवताओं के तुल्य समझकर पूजा की जाती थी। अतिथि के लिए गृहस्थ अपने प्राणों तक को उत्सर्ग कर देते थे। दासी ने महाराज को बैठाया। पैर धोने के लिए पानी ले आयी। वह महाराज को देखते ही पहचान गयी थी।

महाराज के आसन ग्रहण करने पर रानी सुनीति भी अतिथि देवता का स्वागत करने के लिए आयीं। देखते ही दृष्टि थक गयी। जिस झरने का प्रवाह ग्रीष्म के कठोर ताप से कुछ मन्द पड़ गया था, जिस मन्द धारा में पहाड़ी के हृदय का कलुषित क्लेद न था, किन्तु केवल निर्मल स्वच्छ सलिल ही बहा करता था, आज एकाएक वर्षा के बादल आकर घिर गये, फिर उस झरने का प्रवाह तेज, पहाड़ी की अन्तरात्मा के अन्दर पुंजीकृत न जाने कितने क्लेद को बहाने के लिए प्रबल हो गया।

महाराज ने देखा, रानी भी देखती रहीं, परिचय की प्रतीक्षा किसी के अन्दर न थी। दोनों के मौन में परिचय देने की यथेष्ट भाषा थी। प्राचीन जीर्ण गौरव के किनारे चुपचाप दोनों बड़ी देर तक एक-दूसरे को देखते रहे। याद आयी प्राचीन की स्मृति, उसकी महत्ता, उसका ऐश्वर्य, उसकी विभूति, उसकी प्रभुता और साथ ही उसका पराभव भी। अन्त में उसका लांछन, उसका अपमान, उसका निर्यातन और उसकी विनाशोन्मुखी स्थिति को आँखों ने प्रत्यक्ष कर लिया। जिस गौरव को कभी महाराज उत्तानपाद अपना गौरव समझते थे, जिस ऐश्वर्य को वे अपनी सम्पत्ति समझते, जिस वाटिका के विहार करनेवाले वही नायक थे, जिस सौन्दर्य की सृष्टि केवल उनके लिए ही हुई थी, आज यह उसी की दीनता आँखों के सामने मौजूद है! इसकी उजड़ी हालत के लिए उत्तरदायी वही हैं। इसके साथ अब उनकी कितनी सहानुभूति रह गयी है?

महाराज उत्तानपाद की आँखों में आँसू आ गये। उनकी क्रूरता से उजड़ी हुई देवी की मूर्ति आँखों के सामने थी। उदाहरण के साथ ही प्रमाण भी मौजूद। चुपचाप महाराज ने आँसू पोंछ लिये। उधर रानी को काठ-सा मार गया। हाथ-पैर और सर्वांग की क्रियाशीलता शिथिल पड़ गयी। महाराज को देखकर उनका अतीत और वर्तमान सब एकाकार हो गया। स्मरण ने जवाब दे दिया। बुद्धि भी विदा हो गयी। जिस तरह वे आकर खड़ी हुई थीं, उसी तरह खड़ी रह गयीं। आँखें महाराज को देख रही थीं पर पलक नहीं गिर रहे थे।

रानी जितनी ही अचंचल हो रही थीं, नष्ट-सौन्दर्य की रेखा की तरह मौन महाराज के हृदय में उतनी ही तरंगें अनेक भावों से उठ-उठकर उन्हें व्याकुल कर रही थीं। एक ही दिन में, थोड़ी देर के अन्दर इतनी बड़ी सजा प्रकृति ने दी कि उनका सम्पूर्ण दोष प्रक्षालित कर दिया—अनुताप के आँसुओं से धो दिया। इससे महाराज के चित्त की विकलता का कुछ अनुमान लग सकता है। उन्हें ज्ञान भी हो आया। रानी के मौन का प्रभाव प्राकृतिक था। उसमें भाव थे, भाषा थी, छन्द और गीत थे। इतने ही से बस नहीं,

उसमें शक्ति थी महाराज की बुद्धि को मार्जित कर उन्हें पूर्व स्वरूप से परिचित कराने की। महाराज ने अपने भूले हुए स्वरूप को देखा, वह कितना निर्लिप्त था, उदार और स्वच्छन्द था, महाराज को अपने परिवर्त्तन पर दुःख हुआ—समझ गये कि वे देवता से राक्षस हो गये थे! उन्हें देवारण्य के साथ ही रानी की फूल-सी कोमल देवी-मूर्ति की याद भी आ गयी, जैसे एक के परिचय के लिए दूसरे की आवश्यकता हो, जैसे बिना दूसरे के किसी एक की कोई हस्ती ही न हो। महाराज चकित हो गये। जिसे वे अपराधी समझते थे, आज पुण्य लोक में, मानस-क्षेत्र उसे ही प्रत्यक्ष कर रहे थे। यहाँ सुरुचि की पैठ न थी, न हो सकती थी, न महाराज को उसकी बात एक बार के लिए याद ही आयी। स्वर्ग-राज्य का भूला हुआ सुख, उसकी भूली हुई बातें एक-एक करके याद आने लगीं। अब उन्हें अपने परिवर्त्तन पर आश्चर्य होने लगा कि कैसे मैं अपने इस सुख को भूला हुआ था! आश्चर्य के साथ विश्वास भी दृढ़ होता गया कि सत्य यही है। अन्त में नस-नस से खून के हरएक बूंद से सार्वन्तःकरण में आवाज उठने लगी कि रानी निर्दोष है, तुमने एक असहाय अबला के साथ घोर अन्याय किया है, तुम शक्तिवाले राजा हो, अपनी शक्ति का नितान्त अनुचित प्रयोग किया है। सत्य की मर्यादा को नष्ट करने की कोई कसर उठा नहीं रखी, तुम महापापी हो, सती को तुमने कलंक लगाया है।

महाराज के होश उड़ गये। उनकी आत्मा के भीतर यह कौन इतनी निर्भीकता से प्रचार कर रहा था, उनकी समझ में न आया। वे जितना ही अपने को संयत करने की चेष्टा कर रहे थे, उतनी ही प्रबल शक्ति उनकी आत्मा में उनके दुष्कृत्यों का विरोध करती हुई दीख पड़ती थी। महाराज बहुत घबराये। पाप से निस्तार पाने के लिए व्याकुल हो उठे। हृदय से आप-ही-आप उन्होंने प्रश्न किया कि अब उपाय क्या है, उन्हें उत्तर भी मिला—जिसे तुमने दण्ड दिया है, उसकी कृपा, उसकी क्षमा तुम्हें मुक्त कर सकती है।

हृदय की आज्ञा सुनकर महाराज बाहर निकले—सामने वही मूर्ति,

जिसे दण्ड की आज्ञा दी थी, जिस पर व्यभिचार का कलंक मढ़ा गया था, चुपचाप पत्थर की मूर्ति की तरह खड़ी हुई उन्हें देख रही थी। महाराज पैरों पर गिर पड़े।। कुछ कह नहीं सके। रानी की निश्चलता भी महाराज को पैरों पड़ते देख औचित्य के अनुष्ठान के लिए रानी को छोड़कर चली गयी। रानी ने महाराज को उठा लिया। कहा, "नाथ, मेरे भाग्य ही ऐसे हैं, तुम्हारा क्या दोष है।"

राजा—"प्रिये, मेरी आँखों पर मोह का पर्दा पड़ गया था ; मैं तुम्हें भूल गया था। मुझे तुम्हारी याद नहीं थी, पर तुमने मेरी याद रक्खी। मैंने तुम्हारे लिए काँटे बिछाये, पर तुम मेरे लिए फूलों की शय्या की रचना करती रहीं। मुझे सुपथ पर लाने का श्रेय तुम्हें ही प्राप्त है। अब ऐसी भूल कभी न होगी। मुझे क्षमा करो!"

रानी—"महाराज, दैव से सबको दुःख मिलता है, मुझे भी मिला। तुम बिलकुल निरपराध हो। मैं तुम्हारे अपराध की बात सुन नहीं सकती—मुझे कष्ट होता है। अब ऐसी बातें न कहो। मुझ पर दया करो। ईश्वर की जो इच्छा थी, वह पूरी हो गयी। मुझे एक यही दुःख था कि इस निरपराधिनी को तुमने बिलकुल बिसार दिया! महाराज, मेरे व्यभिचार पर तुम्हें विश्वास कैसे हो गया था? मुझे आश्चर्य बस इतना ही हुआ करता था।"

दासी पैर धोने के लिए पात्र में जल ले आयी। रानी महाराज के पैर धोने लगीं। धोकर आँचल से अच्छी तरह पोंछ दिये। जंगल में फल-फूलों के सिवा और रहता ही क्या? उन्हीं से उस रात को अतिथि-सत्कार की व्यवस्था की गयी। महाराज ने तृप्तिपूर्वक भोजन किया। तृण का बिछौना था, उस रात को उसी पर आराम से सोये। रानी पैर दबाती रहीं। उस रात को महाराज की आँख नहीं लगी। बातों-ही-बातों में तमाम रात कट गयी। सुबह को रानी को बहुत तरह धैर्य्य देकर घोड़े पर सवार हो वे अपनी राजधानी को चले गये।

चतुर्थ परिच्छेद

ध्रुव का जन्म और बाल्य-काल

भूल मनुष्यों के स्वभाव की सबसे बड़ी त्रुटि है, कमजोरी भी है। इसके कारण ही मनुष्यों को देवता की पदवी प्राप्त करते, बड़ी-बड़ी साधनाएँ करनी पड़ती हैं। महाराज उत्तानपाद अपनी राजधानी में आते ही अपनी बड़ी रानी को भूल गये। छोटी रानी का जादू उन पर इतना असरदार हो चुका था कि उसका प्रभाव वे किसी तरह हटा नहीं सके। उसे अप्रसन्न करके बड़ी रानी को वे महल में न रख सकते थे। उधर बड़ी रानी के लिए जब से दोबारा उसका अतिथि-सत्कार स्वीकार कर आये थे, रह-रहकर जी में एक प्रकार का उद्वेग, एक प्रकार की दया हृदय को उसकी ओर खींच ले जाती थी। परन्तु बस न चलता था। महाराज अपनी इस कमजोरी को अब कुछ-कुछ समझने लगे थे। परन्तु समझकर ही रह जाते थे। उनका कोई प्रतिकार नहीं कर सके। बड़ी रानी के दिन जिस तरह कटते थे, उसी तरह कटते रहे। इधर छोटी रानी के साथ महाराज की लालसा भी उदासीनता का रूप धारण करने लगी थी। वे जबान खोलकर तो छोटी रानी से कुछ न कहते थे, पर हृदय में कुछ दुःख का भाव जरूर आ गया था।

इधर महाराज के साथ एक रात के सहवास के पश्चात् महारानी सुनीति गर्भवती हो गयीं। दासी को यह जानकर बड़ी प्रसन्नता हुई। वह जी लगाकर महारानी की सेवा करने लगी। उसके हृदय में बड़ी-बड़ी आशाएँ

तरंगें मारने लगीं। समय पर फल-फूल संग्रह करके महारानी के खान-पान के सम्बन्ध में वह सदा सतर्क रहने लगी। ईश्वर की इच्छा से दसवें महीने में महारानी के गर्भ से एक परम रूपवान पुत्र पैदा हुआ। ऋषियों ने उसका जन्म-चक्र तैयार कर उसे बड़ा प्रतापशाली और होनहार बतलाया और उसका नाम ध्रुव रक्खा तथा कहा कि इससे संसार को बहुत बड़ी शिक्षा मिलेगी। यह संसार में अपनी अमरकीर्ति रख जायगा। इस पर परमात्मा की बड़ी कृपा होगी।

धीरे-धीरे अपनी माता के लालन-पालन में ध्रुव बड़े होने लगे। फूस की कुटिया के चारों ओर घुटनों के बल सरककर हरी-भरी लताओं में चिड़ियों की चहक सुनकर मारे प्रसन्नता के बालक लहालोट हो जाता। रंग-बिरंगे फूलों को देखकर अस्फुट भाषा में उनसे न जाने कौन-सी बात-चीत किया करता, ऋषि-पत्नियों की गोद न जाने किस अमृत की चाह से उसे सदा ही प्यासा बनाये रहती थी कि वह उन्हें देखते ही उनकी बाँहों में खेलने के लिए दोनों हाथ फैलाकर लपक पड़ता था। महर्षि-कन्याओं से न जाने उसकी कहाँ की पहचान थी, ऐसी मित्रता थी कि उनके साथ रहकर वह अपनी माता की सुध भी न लिया करता था। दासी उसकी रखवाली के लिए सदा उसके साथ लगी रहती थी। वह उसे बड़ा प्यार करती थी, जैसे वह उसका अपना लड़का हो।

इस तरह स्नेह में पलकर ध्रुव कुछ बड़े हुए। अपने पैरों पर कुछ दूर तक चल लेने की शक्ति उनमें आ गयी। ठुमकते हुए ऋषि-बालकों के साथ एक आश्रम से दूसरे आश्रम में, इसी तरह सब ऋषियों के दर्शन करने के लिए जाया करते। उनकी सोती हुई स्वर्गीय-ज्योति महर्षियों से छिपी न थी। वे ध्रुव को हृदय से लगा अपने पूजन का समय भी ध्रुव से खेलते हुए भूल जाते थे। तपोवन-वासियों पर ध्रुव का एकछत्र अधिकार हो गया। साधुओं के साथ रहने के कारण ध्रुव में कभी बाल्य-चंचलता नहीं आ सकी। रोना तो जानते ही न थे। माता का दूध और पके हुए जंगलों के फल, यही उनका भोजन था। इसका प्रभाव स्वास्थ्य पर ऐसा पड़ा कि कभी एक दिन

के लिए भी कोई पीड़ा न हुई। चेहरे पर शान्ति का राज्य था। प्रसन्नता की मुस्कराहट ध्रुव के होंठों पर बनी ही रहती थी। नन्हें-नन्हें भरे हुए हाथ, छोटा-सा गोरा-गोरा मुखड़ा, बड़ी-बड़ी आँखों में सरलता की अजीब आभा जो कोई देखता, वही मुग्ध हो जाता था। अब ध्रुव अच्छे बड़े हो गये थे।

एक दिन बालकों के साथ ध्रुव खेल रहे थे। एक ने कहा, "चलो, आज राजा के यहाँ चला जाय। ज़रा चलकर देखना चाहिए कि राजा की राजधानी कैसी है। उसमें किस तरह से राजा रहते हैं। राजा के साथ वहाँ कौन रहता है। राजा का घर-द्वार कैसा है। यहाँ राजा की बड़ी तारीफ हुआ करती है कि वे बड़े धर्मात्मा हैं। अतिथियों-अभ्यागतों की बड़ी खातिर-दारी किया करते हैं। बड़े मधुर-भाषी हैं। अच्छा बताओ भाई, किसकी-किसकी इच्छा है चलने की?" सब बालक तैयार हो गये। ध्रुव ने कहा, "भाई, ज़रा माता की आज्ञा ले लूँ। तुम ज़रा देर यहीं ठहरो। मुझे विश्वास है कि माता मुझे आज्ञा दे देंगी।"

ध्रुव माता के पास गये। अपनी इच्छा भी प्रकट की। साथ बहुत-से लड़के जा रहे हैं, यह भी कहा। माता कुछ देर तक सोचती रहीं। अन्त में जाने की आज्ञा दे दी। ध्रुव अपने साथियों से आ मिले। राजा के यहाँ चलने के लिए मुकाम कूच कर दिया गया।

आपस में हँसते-खेलते सब लड़के महाराज उत्तानपाद की राजधानी में आ पहुँचे। चारों तरफ कोट था। गहरी खाई गढ़ के चारों ओर थी। खाई में पानी भरा हुआ था। एक फाटक से सब लड़के भीतर घुसे। फाटक बहुत ऊँचा था। उसके ऊपर भी रहने की जगह थी। वहाँ सिपाही रहा करते। कुछ सिपाही अस्त्र-शस्त्र लिये फाटक में पहरे पर खड़े हुए थे। बालकों को यह जानकर कि ये ऋषियों के लड़के हैं, सन्तरियों ने रास्ता छोड़ दिया। फाटक से होकर वे लड़के गढ़ के भीतर चले गये। रास्ते की बनावट, रास्ते के दोनों ओर सुगन्धित फूलों की क्यारियाँ, अच्छे-अच्छे फलों के पेड़ देखकर आपस में वे राजा के ऐश्वर्य की समालोचना भी करते जाते थे। बड़े-बड़े तालाब भी उन्हें राह पर मिले। तालाब चौकोर दुरुस्त थे। बड़े सुहावने

मालूम देते थे। चारों ओर से नीचे उतरने की पक्की सीढ़ियाँ बनी हुई थीं। एक ओर देवमन्दिर भी था। वहाँ ब्राह्मण बैठे हुए पूजा-पाठ कर रहे थे। कहीं अखाड़ों से पहलवानों को लड़कर लौटते देखा। उनके बदन में मिट्टी चढ़ी हुई थी। कहीं छोटी-सी चारदीवारी से घिरी फुलवाड़ी देखी। कहीं पर झुण्ड-के-झुण्ड हाथी बँधे हुए झूम रहे थे। कहीं कतार-की-कतार घोड़ों की देखी। सब जगह चहल-पहल थी। बालकों को देखकर बड़ी प्रसन्नता हो रही थी। कई फाटक पार करके वे राजा के महल के पास आये। महल की भव्यता, उसकी ऊँचाई, उसकी कारीगरी और उसकी सफाई देखकर बालकों को बड़ा आश्चर्य हुआ। इतनी बड़ी इमारत उन्होंने कभी न देखी थी। सब-के-सब चक्कर में आ गये। परन्तु ऋषियों के साथ रहने के कारण उनमें साहस भी गजब का था। वे महल के ऊपर चढ़ गये। सामने का हिस्सा महाराज का मन्त्रणा-भवन था। दरबार-भवन इस प्रासाद से कुछ दूर पर था। सब बालक मन्त्रणा-भवन में बेधड़क चले गये। महाराज उत्तानपाद उस समय वहीं पर थे। बालकों को देखकर राजा को बड़ी प्रसन्नता हुई। ऋषियों के बालक राजमहल में पधारे, इससे बढ़कर सौभाग्य की बात राजा के लिए और क्या होगी। मन्त्रियों के साथ बालकों का परिचय लेने लगे। सबने अपने-अपने पिता-माता का नाम बतलाया। अपने आश्रम का पता भी सबने बता दिया। रह गये ध्रुव। ध्रुव कुछ न बोले। अपने एक दूसरे साथी की ओर ताकने लगे। ध्रुव को हिम्मत बँधाते हुए उसने कहा, "ध्रुव, महाराज को अपना परिचय क्यों नहीं देते हो?"

ध्रुव—"महाराज, मेरा परिचय क्या पूछते हैं? उस वन में एक अनाथिनी रहती है, मैं उसी की गोद में पला हूँ, वही मेरी माता है। उसे लोग सुनीति कहकर पुकारते हैं और कुछ नहीं जानता।"

महाराज को अगर कोई आसमान में फूल खिलने की खबर देता, तो भी उन्हें इतना आश्चर्य शायद न होता। बड़े गौर से वे बालक के मुख की ओर ताकने लगे। उनके मुख पर सुनीति की पूरी छाया पड़ी हुई थी। महाराज के हृदय में खलबली मच गयी। सुनीति के दुःख की याद करके

उनकी आँखों में आँसू भर आये। सुनीति का नाम सुनते ही आदरपूर्वक मन्त्रियों ने ध्रुव को गोद में उठा लिया। महाराज के मुख से मन्त्रियों को सुनीति के निरपराध होने का समाचार उनके मृगया से लौटने के पश्चात् मालूम हो चुका था। अपने हृदय की ज्वाला शान्त करने के लिए महाराज ने मन्त्रियों की गोद से ध्रुव को अपनी गोद में बिठा लिया। पिता के साथ ध्रुव राज-सिहासन पर बैठा हुआ था। ध्रुव को वार-वार गले से लगाकर महाराज सुनीति के वियोग से उत्पन्न हुई ज्वाला शान्त कर रहे थे। सुनीति के दु:खों को दूर करने का विचार कर रहे थे तथा मन्त्रियों से सुनीति की दिनचर्या की बातचीत कर रहे थे। उस समय महाराज का दूसरा पुत्र, सुरुचि के गर्भ से पैदा हुआ—उत्तम, राजसी पोशाक से सजा-बजा उनके पास ही सिंहासन के नीचे खड़ा टकटकी लगाये ध्रुव को देख रहा था। यह एक अनजान बालक कैसे यहाँ आकर उसके पिता की गोद में बैठ गया, वह इसी विचार में डूबा हुआ था। इसी समय भीतर से रानी सुरुचि भी अपने पुत्र को खोजती हुई वहाँ आ पहुँची। अपने पुत्र को नीचे और एक अजाने दूसरे बालक को महाराज की गोद में बैठा हुआ देख आग-बबूला हो गयी। महाराज से पूछा, "यह बालक कौन है ? प्यार से इसे गोद में बैठाये हुए हो।" रानी को देखते ही राजा के देवता कूच कर गये। एड़ी से चोटी तक के रोएँ खड़े हो गये। इतना भय हुआ कि उनसे कुछ कहा ही नहीं गया। वे अपराधी की तरह रानी की ओर ताकने लगे। राजा को असमंजस में देख-कर एक मन्त्री ने रानी के प्रश्न का उत्तर दिया। कहा, "देवी, बालक आप ही का है। रानी सुनीतिजी के गर्भ से पैदा हुआ है।"

बस, सुनते ही रानी का चेहरा तमतमा उठा। कुछ बोली नहीं, बाँह खींचकर ध्रुव को गोद से उतार दिया। राजा की गोद में उत्तम को बैठा दिया। राजा, रानी का मुँह ताकने लगे। मन्त्रियों ने चुपचाप सिर झुका लिया। ध्रुव के साथियों ने ध्रुव को अपनी गोद में ले लिया। फिर अकड़कर सब-के-सब रानी की ओर ताकने लगे। किसी-किसी मुंह-फट लड़के ने गरमागरम कुछ सुना भी दिया।

रानी दबनेवाली न थी। भौं मटकाकर मुँह बिगाड़ ध्रुव की ओर ताकती हुई बोली, "राजा की गोद में तुम्हारे जैसे अभागे बैठते हैं! राजा की गोद में बैठना था तो सुनीति के पेट से क्यों निकले थे?"

बात ध्रुव को चोट कर गयी। कलेजा दो-टूक हो गया। आँखें छलछला आयीं। ऋषिकुमारों ने वहाँ और ठहरना उचित नहीं समझा। ध्रुव को लेकर सब बाहर निकल आये। दो-एक उनमें ऐसे भी थे जो चलते-चलते पीछे की ओर घूमकर एक बार रानी को चुभीली नजर से ताकते जाते थे। सब लड़के फाटक से बाहर निकल गये। वहाँ सबने ध्रुव को बहुत समझाया। राज्य में उसका आधा है, यह जता दिया। और यह भी कहा कि ऋषियों की मदद से अपने राज्य पर तुम्हें अधिकार करना चाहिए। रास्ते-भर खूब गरमागरम बातें होती गयीं। ध्रुव चुपचाप सुन रहे थे। उन्हें भी अपमान असह्य हो गया था। उनका रोम-रोम इसका बदला लेने के लिए तुला हुआ था। उपाय कुछ न था, उनमें बल-पौरुष भी अभी न आया था। लाचार थे। पर क्षमा का लेशमात्र भी उनके हृदय में न था। घाव इतना गहरा हो गया था कि उसका दर्द ध्रुव को तब तक नहीं भूला, जब तक वे अपने उद्देश्य की सिद्धि तक नहीं पहुँचे।

आपस में बहस-मुबाहसा करते हुए सब लड़के तपोवन में आये। ध्रुव को उनकी माता के पास छोड़कर सब अपने-अपने घर चले गये। जाते समय कह गये, "इनसे सब हाल वहाँ का कह देना, तब तक हम घर से लौटकर अभी आते हैं। फिर देख लेंगे, कैसा वह बीवी का गुलाम राजा है और कैसी वह सिर चढ़ी रानी!"

सब लड़के अपने-अपने घर चले गये। ध्रुव माता की गोद में बैठकर रोने लगे। ध्रुव को रोते हुए देखकर माता का मुख सूख गया। उस बेचारी दुखिया का आधार एकमात्र वह पुत्र ही था, अन्धे की लकुटिया और उसके जीवन का एकमात्र सहारा। रानी ने बड़े आग्रह से बच्चे के बालों को सुधारते हुए मधुर शब्दों में पूछा, "बेटा, क्यों रोते हो? क्या वहाँ तुम्हें किसी ने कुछ कहा है?—या किसी ने तुम्हारा निरादर किया? बेटा!—

मेरे लाल !"

ध्रुव के आँसू पोंछकर करुणा-भरी दृष्टि से पुत्र को देखती हुई अपने उभड़ते हुए दरिद्रता के दुःख को दबाकर रानी मन-ही-मन परमात्मा को याद करने लगी। ध्रुव बोले, "माता, मैं राजा के यहाँ गया था। वहाँ का राज-ठाट-बाट देखता रहा, साथियों के साथ चारों ओर राजधानी की सजा-वट देखता फिरा। फिर सब लड़कों की सलाह हुई कि अब चलकर राजा का महल भी देखना चाहिए। उनके साथ मैं भी महल में चला गया। सामने एक बड़ा-सा कमरा है। राजा वहीं बैठे थे। उनको घेरकर और भी बहुत-से आदमी अच्छे-अच्छे कपड़े पहने हुए वहाँ बैठे हुए थे। राजा को हम सब बालकों को देखकर बड़ी प्रसन्नता हुई। वे एक-एक करके सबके पिता और माता का नाम पूछने लगे। सबसे पीछे मेरी बारी भी आयी। मैंने तुम्हारा नाम बताया। तुम्हारा नाम सुनते ही राजा के पास और जो लोग खड़े थे, उनमें से एक लम्बी दाढ़ीवाले ने मुझे अपनी गोद में उठा लिया। फिर महाराज ने सिंहासन पर बैठे हुए मुझे अपनी जाँघ पर बैठा लिया। सब लोग मेरा आदर करने लगे। एक लड़का मेरे समान राजा के सिंहासन के नीचे बड़े अच्छे-अच्छे कपड़े पहने हुए खड़ा था। वह एक नजर से मुझे देख रहा था। फिर एक स्त्री आयी। माँ, उसकी धोती बड़ी अच्छी थी, चमचमाती थी। उसने मेरी ओर ऐसी कड़ी निगाह से देखा कि मैं डर गया। उसने राजा से पूछा, 'यह कौन है ?' पास बैठे लोगों ने तुम्हारा नाम लिया और कहा कि यह उन्हीं का लड़का है। तब तो वह और भी अंगारा हो गयी। मेरी बाँह पकड़ और घसीटकर मुझे राजा की गोद से उतार दिया। और जो लड़का नीचे खड़ा था, उसे उठाकर राजा की गोद में बैठा दिया। कहा कि प्यार करना है तो इसे क्यों नहीं करते ? क्या यह लड़का नहीं ? राजा, रानी का मुख देखने लगे। और मन्त्रियों ने सिर झुका लिया। मेरे साथी मुझे लेकर चले आये। क्यों अम्मा ! वह कौन थी, क्या तू जानती है ?"

रानी, "बेटा ! वह रानी थी।"

ध्रुव, "और वह लड़का ?"

रानी, "वह राजा का लड़का था। रानी उसकी माँ थी।"

ध्रुव, "तो मुझे उसने गोद से उतार क्यों दिया ? क्या मैं उसकी दौलत छीनने गया था ?"

रानी, "तुम उसकी दौलत छीनने तो गये ही थे।"

ध्रुव, "यह कैसे ?"

रानी, "बेटा, तुम भी राजा के लड़के हो।"

ध्रुव, "तो हमारी यह हालत क्यों है ? वह रानी तो राजमहलों में रहे और तुम भूखों मरो, ऐसा क्यों ?"

रानी, "बेटा ! यह हमारे पूर्वजन्म के कर्म हैं।"

ध्रुव, "पूर्वजन्म के कर्म क्या किसी तरह मिट नहीं सकते ?"

रानी, "हाँ, मिट क्यों नहीं सकते। परमात्मा की इच्छा होती है, तो हजारों जन्म के पाप मिट जाते हैं।"

ध्रुव, "क्या हमारा राज्य हमें मिल सकता है ?"

रानी, "हाँ, वे चाहें तो तुम्हारे राज्य से भी बड़ा कोई दूसरा राज्य तुम्हें दे सकते हैं।"

ध्रुव, "वे कहाँ रहते हैं अम्मा ?"

रानी, "बेटा, वे सब जगह रहते हैं, उनके पाने के लिए तपस्या करनी पड़ती है। जब वे प्रसन्न होते हैं, तब अपने भक्त को आकर दर्शन भी देते हैं।"

ध्रुव, "तो क्या परमात्मा के सिवा हमारी पुकार का सुननेवाला और कोई नहीं है ?"

रानी, "नहीं बेटा ! गरीबों की पुकार को सुननेवाला परमात्मा ही है।"

पंचम परिच्छेद

भक्ति-पथ के पथिक ध्रुव

घोर स्तब्धता दशों दिशाओं में फैली हुई थी। हवा भी धीरे-धीरे बहुत डरी हुई-सी पृथ्वी के वक्षस्थल पर प्रवाहित हो रही थी। उसे शान्ति-भंग की आशंका थी। तारे इस मौन राज्य के सन्तरियों की तरह आकाश में सजग रहकर पहरा दे रहे थे। दानवाकार जंगल के बड़े-बड़े पेड़ रात्रि के शासन-भय से मानो चुपचाप एक दूसरे से अनेक कर्त्तव्य का निर्णय करा रहे थे। रह-रहकर निशाचर-जीवों की आवाज उनके हृदय को कुछ साहस दे रही थी। जुगनुओं के क्षणिक प्रकाश में परिचित हो जाने के भय से वे मानो अन्धकार के हृदय में और छिप जाते थे। दूर से जब-तब आती हुई पपीहे की पुकार, स्वर की सीमा तक निस्तब्धता को कुछ चंचल करके उसे और शान्त कर देती थी। इसके स्वर का विराम शान्ति के अगाध समुद्र में डूब जाता था। दिन-भर के थके हुए जीव जीवन के स्वप्न-लोक में अपनी अधूरी लालसाएँ चरितार्थ कर रहे थे। सुख मनुष्य, शान्ति के स्वागत के लिए अपने सर्वस्व को त्यागकर धन-जन-गृह ऐश्वर्य सबकुछ छोड़कर, सर्वस्व भूलकर निद्रा के अन्धकारमय-दुर्ग में प्रवेश कर चुके थे। इन्द्रिय-सुख जिस प्यारी देह की बदौलत उन्हें मिला करता था, शान्ति के लालच ने उनसे उसका भी त्याग करा दिया था। वह देह बिस्तर पर शिथिल वस्त्र की तरह पड़ी हुई थी। दिन-भर के चंचल संसार में, शान्ति-साधना में बाधाएँ झेलते हुए रात

को अवसर पा एकाग्र चित्त से योगी शान्ति की सच्चिदानन्द-मूर्ति का ध्यान कर रहा था। निशाचर जीव, चोर-डाकू, जुआड़ी और लम्पट इस निस्तब्धता में अपनी पैशाचिक-कीर्ति फैला रहे थे। आसव प्रमत्तांगिनी वारांगनाएँ विभ्रम भाव से शय्या पर पड़ी हुई नैश अत्याचार का प्रत्यक्ष उदाहरण दे रही थीं। बड़े-बड़े नगरों और जनपदों में मनुष्य-रूपी पिशाचों का अत्याचार था और अरण्यों में हिंसक जन्तु अपनी जिघांसा-वृत्ति चरितार्थ कर रहे थे। परन्तु यह इतना भी अत्याचार शान्तिमयी रात्रि के उदार हृदय को चंचल नहीं कर रहा था। यह उसके अंग में, चन्द्रमा में कलंक की तरह था, इससे उसकी शोभा ही बढ़ती थी।

गहन अरण्य के एक ओर चिन्ता में डूबा हुआ एक बालक मन-ही-मन अपने भविष्य की चिन्ता कर रहा है। वह मनुष्य है, मनुष्य का हक लेकर पैदा हुआ है, मनुष्य से मनुष्योचित व्यवहार की आशा रखता है, मनुष्यों की सम्पूर्ण वृत्तियाँ उसके अन्दर भी विराजमान हैं। चाहे उनका रूप बहुत क्षुद्र ही क्यों न हो—चाहे अनुकूल अवस्था के अभाव से अब तक उनकी अंकुरित दशा भी विपरीत ही क्यों न हो—वे बीज-रूप में ही क्यों न हों। तिरस्कार, घृणा, अपमान, अत्याचार, निर्यातन इन पाशविक प्रवृत्तियों के विरोध के लिए आज उसके खून का हरएक बूंद तीव्र गति से उसे कार्य्यतत्पर कर रहा है। बालक सोच रहा है इस अत्याचार का उपाय। चिरकाल से मनुष्य जाति, मनुष्य जाति पर जो अत्याचार करती चली आ रही है—इसका कारण, साथ भी इसका प्रतिशोध भी। वह अत्याचार सहने के लिए नहीं आया, राजा को ऐश्वर्य के साथ परम सुन्दर सुसंगठित स्वरूप देते हुए विधाता को जितनी चित्रण-कुशलता दिखानी पड़ती है, उतनी ही दरिद्र को दीन-हीन और निराश्रय करके चित्रण करते हुए भी। सौन्दर्य, ऐश्वर्य, विभूति, पूर्णता एक उच्च वंश में, एक सम्राट में जितनी है उतना ही ऐश्वर्य, उतनी ही विभूति, उतना ही सौन्दर्य और उतनी ही पूर्णता एक भिक्षुक में भी है। दोनों के रूप भी वस्तुतः एक ही ठहरेंगे। सम्राट के लिए प्राप्ति की पूर्णता का भाव सौन्दर्य है, तो भिक्षुक के भीतर कुछ नहीं की पूर्णता और

अभाव का सौन्दर्य है। दोनों भरे-पूरे हैं अपने-अपने सौन्दर्य की सृष्टि से, अपने-अपने विलास की कमनीयता से। फिर एक दूसरे का इतना अनादर क्यों करता है? एक दूसरे के खून का प्यासा क्यों बना रहता है?—एक दूसरे की लाश पर विभूति क्यों दिखलाना चाहता है? बालक यही सोच रहा है। उसके हृदय में तीव्र जिज्ञासा जगी हुई है, और वह इसी दर्द की दवा के लिए व्याकुल हो रहा है। उपाय उसकी माता ने बतलाया तो, पर उस ईश्वर का पता क्या है? कहाँ जाया जाय तो उससे मुलाकात हो और सृष्टि की इस नृ:शंसलीला पर वह प्रश्न करे?

ध्रुव के हृदय में जहाँ अत्याचारी संसार का घोर विरोध भरा हुआ था, वहाँ मनुष्यों के प्रति सहानुभूति का महासागर उमड़ रहा था। ज़रा-सा बालक भाव की प्रशस्त ऊर्मियों पर तिनके की तरह बह रहा था। प्रतिकार के लिए उसने निश्चय कर लिया कि मैं उस ईश्वर को अवश्य खोजूँगा, उससे अवश्य मिलूंगा और इस नरक से भी बढ़े हुए संसार के आगे, आज तक रहते हुए भी जिस प्रश्न की मीमांसा नहीं हो सकी, उसे हल करके दिखलाऊँगा। परन्तु घर पर, माता की स्नेह-गोद में, अगर सुख के चुम्बनों में भूल रहा तो समय मेरे संकल्प को अवश्य भुला देगा। माता की ममता मेरी दृढ़ता को परास्त कर देगी। एक वार सहकर, दो वार सहकर सहने की मुझे आदत पड़ जायगी। सम्भव है कि फिर इस अन्वेषण से मन हट जाय। ऐसा हरगिज न होगा। मुझे आज ही और इसी समय से अपने प्रश्न के उत्तर के लिए तैयार हो जाना चाहिए।

ध्रुव ने मकान छोड़ दिया। माता की गोद का लाल, चिरदु:खिनी के अंचल का हीरा, उसे स्वप्न-राज्य में कुछ देर के लिए अपना दु:ख भूली हुई देख, अपना प्रकाश लेकर वहाँ से चल दिया, माता को एक दूसरा मधुरतर प्रकाश देने का दृढ़ संकल्प करके अरण्य-भूमि की नैश-निस्तब्धता के भीतर से अपने विचारों का दृढ़-बालक ध्रुव परमात्मा की खोज के लिए चल दिया! न शंका है, न विक्षेप। देह की कोई सुध नहीं। चित्त परमात्मा में लगा हुआ, हृदय आशा से भरा हुआ है, मन संकल्प की दृढ़ता से अविचल। जंगल

से बाहर निकलने की पगडण्डियों से बाल्य-क्रीड़ा करते हुए ध्रुव के चंचल-चरण परिचित हो चुके थे। बालक चुपचाप तपोवन पार कर गया। सामने दूर तक फैला हुआ मैदान मिला। एक पगडण्डी उसके बीच से गयी थी। ध्रुव चलने लगे। उनका प्रश्न दुरूह और महान् था। उधर परमात्मा भी असीम, अनन्य और महान् थे। ध्रुव का धैर्य और साहस भी असीम और महान था, इधर मार्ग भी अज्ञात दूर तक फैला हुआ असीम और महान् हो रहा था। क्षुद्र थी केवल उनकी देह। परन्तु उस बूँद में सागर भरा हुआ था।

ध्रुव अपनी धुन में रास्ता पार करते जा रहे थे। आज तक तपोवन की सीमा तक ही उनका परिचित संसार था। कभी दूर तक चले न थे। चलने की उम्र भी न थी। जंगल से बाहर निकलकर खुले मैदान में कुछ दूर जाते ही जाते ऊषा की ललाई पूर्व के आकाश में फैलने लगी। धीरे-धीरे उसकी गोद में सूर्य भी दिखायी पड़े। रात के विश्राम का अन्त हो गया। जीवों की आँख खुल गयी। जीवन में नयी स्फूर्ति का संचार होने लगा। उधर पर्ण-कुटीर में रानी सुनीति भी जगीं। उनकी चिर-सहचरी मधुमती उनसे कुछ पहले ही उठी थी। रानी ने फूस की सथरी पर ध्रुव को न देखा तो चित्त एकाएक चंचल हो उठा। दासी से पूछा, वह ध्रुव का हाल न बता सकी। धैर्य का बाँध टूट गया। पिछले दिन ध्रुव से जैसी बात-चीत हुई थी, उससे माता के हृदय में बच्चे के लिए तरह-तरह की शंकाएँ उठने लगीं। दासी के भी होश उड़ गये। दोनों दौड़ी हुई ऋषि-पत्नियों के पास गयीं। उनसे ध्रुव का पता पूछा। परन्तु वहाँ ध्रुव गये ही न थे, कोई क्या कहती। तपोवन भर में खलबली मच गयी। सबको मालूम हो गया कि कल रात से ध्रुव गायब हैं। ध्रुव के साथी बालकों ने जंगल-भर में खाक छान डाली। पर कहीं पता न चला। रानी सुनीति सिर पीटकर रोने लगीं। मुनि-पत्नियाँ भी ध्रुव के लिए विलाप करने लगीं। दासी दौड़ी हुई राजधानी में महाराज को खबर देने चली गयी। बालक चारों ओर तलाश कर हार गये। रानी का इकलौता लाल गोद से उठा गया, उसके सिर पर दुःख का पहाड़ टूट पड़ा!

रोती हुई अपने भाग्य को कोसने लगीं।

"हे परमात्मा ! यह क्या तुम घाव पर घाव कर रहे हो ? मेरा लाल, मेरी गोदी का खिलौना, मेरी आँख की पुतली, मुझ अनाथ दुःखिनी का सहारा कहाँ चला गया ? भगवन्, तुम बड़े दयालु हो, दया के सागर। संसार तुम्हारे गुण गाता है। बड़े-बड़े मनीषी तुम्हारी कृपा का प्रचार करते हैं। परन्तु आज मेरे ऊपर तुम्हारी कृपा क्यों नहीं होती ? भगवन्, क्या तुम भी गरीबों को ही मारते हो ? क्या पिसे हुओं पर तुम भी पत्थर फेंकते हो ? क्या कुचले हुए को तुम भी रौंदते हो ? मुझ दुःखिनी को तुम्हीं ने वह भीख दी थी—भगवन् ! देकर क्या तुम भी लौटा लेते हो ? नहीं, तुम इतने निष्ठुर कदापि न होगे, इतने निर्दय कभी न होगे। तो दे दो, मेरा लाल जहाँ हो, मुझे ला दो। मेरी गोद सूनी न करो प्रभो ! मेरा दुःख तुम जानते हो—खूब जानते हो—तुम अन्तर्यामी जो हो तो फिर क्यों मुझे रुला रहे हो ? तुम्हें दया नहीं आती ? भगवन् ! अबला को मारकर तुम वीर न कहलाओगे—नन्हें से बच्चे को छीनकर तुम शूर न हो जाओगे। ला दो कहाँ है मेरा लाल ? अरे ! तुम इतने निर्दय हो ! मैं महारानी थी—मुझे तुमने भिखारिन बना दिया—क्या मैंने कोई कसूर किया था—क्या तुम्हारी पूजा में कभी कोई त्रुटि हो गयी थी ? फिर तुम क्षमा-निधान कैसे हो ? सच कहती हूँ, अगर मेरा लाल मुझे न मिला, तो मैं तुम्हें शाप दूँगी ! क्या तुम शाप से नहीं डरते ? नहीं, डरना होगा, बड़ा कठोर शाप दूँगी—चैन न पाओगे, नहीं तो मेरा लाल मुझे फेर दो ! फेर दो ! फेर दो ! कहाँ गया वह ? कोई उठा तो नहीं ले गया ? किसी ने मार तो नहीं डाला ? आह ! तुम ले आओ, वह जहाँ हो वहाँ से ले आओ। यमलोक ! क्या तुम्हारी पैठ नहीं है ? मेरे साथ छल-कपट न करो—वह भी तो तुम्हारा ही बनाया हुआ है। लाओ—वहाँ से भी ले आओ, हाय लाल ! कहाँ चले गये तुम ? मुझे अकेली छोड़कर चले गये ! अरे ! अम्मा की याद न आयी तुम्हें ?"

रानी बिलकुल पगली-सी हो गयीं ! पुत्र को ही देखकर वे जीती थीं। दुःख के महासागर में वही उनका अवलम्ब था। उसे देखकर ही अपने दुःख

को भूली हुई थीं। मुनि-पत्नियाँ भी ध्रुव को जी से प्यार करती थीं। उनके हृदय में भी ध्रुव के लिए करुणा की धारा बह रही थी। परन्तु उस समय उन्होंने अपने को सँभाला। रानी को धैर्य देने लगीं। ध्रुव के लिए उन्हें बहुत समझाया कि हताश न हो वह कहीं न जायगा। उसके लिए भय क्या है? ऋषियों की बात टल नहीं सकती। ध्रुव को वे बड़ी उच्च-दृष्टि से देखते हैं। ध्रुव को संसार में परमात्मा की महान् कीर्ति फैलाने के लिए आया हुआ महापुरुष बतलाते हैं। उनकी बात पर विश्वास करो। इतनी अधीरता दुर्बलता की सूचक है। ध्रुव के लिए सब तरह के भय को हृदय से दूर कर दो। वह जहाँ होगा, आनन्द से ही होगा।

उधर दासी मधुमती के मुख से ध्रुव के गायब हो जाने की खबर महाराज उत्तानपाद को मिली। आग की तरह खबर तमाम राजधानी में फैल गयी। महाराज तो कलेजा थामकर ही रह गये। पुत्र के अदर्शन का शोक उनके लिए असह्य हो गया। उधर मन्त्रियों ने भी समाचार सुना। उन लोगों ने अनुमान लगाया कि यहाँ से रानी के द्वारा तिरस्कार किये जाने के कारण सम्भव है कि ध्रुव को आत्मग्लानि हुई हो और इसलिए वे अपनी कुटिया छोड़कर कहीं चले गये हों। इस अनुमान पर मन्त्रियों को विश्वास हो गया। उन्होंने समागत दासी से पूछा तो मालूम हुआ कि यहाँ के तिरस्कार और रानी के द्वारा किये गये अपमान की बातें अपनी माता से उन्होंने कहीं थीं। माता ने इसके उत्तर में कहा था कि परमात्मा के हाथ इसका प्रतिकार है, वे चाहें तो इससे बड़ा कोई राज्य तुम्हें दे सकते हैं। दासी के मुख से ध्रुव के सम्बन्ध की ये बातें सुनकर मन्त्रियों को अपने अनुमान पर विश्वास हो गया। वे राजा के पास इसके प्रतिकार के लिए गये। राजा अगर ध्रुव की कुछ सहायता करें, यदि उनकी माता के भोजन-वस्त्र का दुःख दूर करें, तो सम्भव है कि ध्रुव का पता लग जाने पर उन्हें मना लिया जाय। मन्त्रिमण्डल महाराज के पास पहुँचा। राजा उदास भाव से बैठे हुए थे। मन्त्रियों ने प्रणाम किया। राजा चुपचाप बैठे ही रहे, प्रणाम करने पर भी मन्त्रियों से कोई बातचीत न की। मन्त्रियों को महाराज के

मन की अवस्था मालूम हो गयी।

विनयपूर्वक महाराज से मन्त्रियों ने कहा, "राजन्, ध्रुव का पता लगाया जाय तो लग सकता है। क्योंकि दासी के मुख से उनके जहाँ तक समाचार विदित हो सके हैं, उनसे मालूम होता है कि वे यहाँ अपमानित होने के कारण ही क्षोभ में आकर कहीं चले गये होंगे। अगर उनके और महारानी सुनीतिजी के लिए भोजन-वस्त्र का कोई उत्तम प्रबन्ध कर दिया जाय, तो आशा है कि वे लौट आवें।"

महाराज को मन्त्रियों का प्रस्ताव बहुत पसन्द आया। उन्होंने कहा, "ठीक है, दोनों वक्त दो सेर आटा और वस्त्र उनको मिलता रहेगा। वे नाराज होकर कहीं चले गये हों, तो उन्हें बुलवा लीजिए।"

मन्त्रिमण्डल ने महाराज को प्रणाम कर ध्रुव की खोज करने के लिए चारों ओर दूत भेजे। बात-की-बात में सारे राज्य में खबर फैल गयी। दूत भी बड़ी चौकसी से ध्रुव को खोज रहे थे। बहुत शीघ्र ही ध्रुव का पता लग गया। दूतों ने राह में उनसे प्रार्थना की कि अब रुक जायँ, जब तक महाराज के पास से कोई खबर न आ जाय। दूत की बात सुनकर ध्रुव वहीं रुक गये। एक आदमी उनके पास बैठा रहा। और लोग राजधानी को खबर देने के लिए लौट आये। पहले मन्त्री को समाचार दिया गया। ध्रुव के मिल जाने के सम्वाद से वे बहुत प्रसन्न हुए। दूतों को बड़ा इनाम दिया गया। फिर वे अपने सहायक मन्त्रियों को साथ लेकर राजा के पास गये। ध्रुव के मिल जाने का सम्वाद पा महाराज के तो आनन्द का ठिकाना ही न रहा। उन्होंने कहा, अच्छा हुआ, रानी सुनीति को ध्रुव के बिना बड़ा दुःख हो रहा होगा। जिस तरह हो ध्रुव को मनाकर सुनीति के पास छोड़ आइये।

मन्त्री प्रणाम कर लौट आये। दूतों को बुलाकर कहा कि ध्रुव से जाकर कहो, महाराज ने तुमको दो सेर आटा और वस्त्र देना मंजूर किया है, आप अपनी माता के पास लौट जायँ।

राजा की आज्ञा ध्रुव के पास पहुँचकर दूतों ने सुनायी। नम्रतापूर्वक ध्रुव ने कहा, "भाई, महाराज से मेरा प्रणाम कहना। मुझे अब उनकी कृपा

की आवश्यकता नहीं है। मुझे कृपा के आगार परमात्मा की ही कृपा चाहिए। वे मुझ पर दयाभाव रक्खें और मेरी माता पर उनकी जैसी कृपा है, वह मैं प्रत्यक्ष देख चुका हूँ। मुझे अब किसी दूसरे का भरोसा नहीं रहा।"

दूत लौट आये। मन्त्री से ध्रुव का सब हाल कहा। ध्रुव की बातें सुनकर मन्त्री के तो होश उड़ गये। इतनी दृढ़ बात उन्होंने कभी न सुनी थी। महाराज के पास जाकर उन्होंने ध्रुव की बातें सुनायीं। महाराज भी दंग रह गये। बालक आज परमात्मा के पास अपनी फरियाद लेकर जा रहा है, सोचते ही बदन काँपा—अंग-अंग में भय समा गया, जैसे ध्रुव के साथ उन्होंने कोई बड़ा अन्याय किया हो। उनकी अन्तरात्मा बड़े ऊँचे शब्दों में उनके अन्दर पुकार-पुकारकर कहने लगी, 'तुम दोषी हो, परमात्मा तुम्हें दण्ड देंगे। तुमने बालक के साथ, उसकी माता के साथ, करोड़ों मनुष्यों के नायक राजा होकर घोर अन्याय किया है—उनके प्रति घोर अविचार किया गया है। परमात्मा तुम्हें इसके बदले अवश्य दण्ड देंगे।' राजा का चेहरा उतर गया। उन्हें विश्वास हो गया कि वे दोषी हैं। उन्होंने मन्त्री से कहा, "ध्रुव को अवश्य लौटा लाओ—कहो, उसका हिस्सा, आधा राज्य उसे दिया जायगा, वह लौट आयें।"

मन्त्री ने फिर दूत भेजा। आधा राज्य देने के कौल पर ध्रुव को लौटा लाने के लिए कह दिया। दूत को जैसा कहने के लिए कहा था, ध्रुव के पास जाकर उसने उसी तरह आधा राज्य देने का समाचार सुना दिया। ध्रुव बड़े चकित हुए। सोचा—परमात्मा की कृपा तो यहीं प्रत्यक्ष हो गयी। अभी परमात्मा के दर्शन भी नहीं हुए और आधा राज्य मिलने लगा! उनके दर्शन से न जाने मुझे कितना बड़ा लाभ हो। मुझे यह अवसर कभी न चकना चाहिए। दूत को पास बुला, बड़े मधुर शब्दों में उसे समझाते हुए ध्रुव ने कहा, "दूत, महाराज की उदारता के लिए मैं उनका चिर-कृतज्ञ रहूँगा। पर उनसे कहना कि यह सब मैं परमात्मा की ही कृपा समझता हूँ। जिनका नाम लेकर बाहर निकलने के साथ मुझे आधा राज्य मिलने लगा,

उनसे साक्षात्कार होने पर अवश्य ही मुझे इससे बढ़कर लाभ होगा। इसलिए मैं अब परमात्मा से मिलकर ही अपने भाग्य की परीक्षा करूँगा। मेरी दुःखिनी माता से मेरा प्रणाम कहना और कहना कि ध्रुव तुम्हारी ही आज्ञा से परमात्मा से मिलने जा रहा है, उसके लिए कोई चिन्ता न करो, परमात्मा सदा उसकी रक्षा करेंगे।"

इतना कहकर सिर झुका मन-ही-मन परमेश्वर की कृपा पर विचार करते हुए ध्रुव आगे बढ़े। दूत लाचार होकर लौट आये। मन्त्री को खबर दी। सब समाचार सुनाया। मन्त्री दंग रह गये। त्याग की महत्ता के सामने आप-ही-आप उनका मस्तक अवनत हो गया। मन-ही-मन ध्रुव को उन्होंने प्रणाम किया। फिर महाराज के पास गये। ध्रुव के आधा राज्य पाने पर भी न लौटने का समाचार सुन महाराज को बड़ा आश्चर्य हुआ। इतना बड़ा त्याग अपने जीवन में उन्होंने कभी न देखा था। ध्रुव के त्याग से उनकी बुद्धि भी ठिकाने आ गयी। वे संभल गये। परलोक की याद आयी। बुरी लतें छूटने लगीं। भोग से चित्त हट गया। कर्म की प्रवृत्ति बढ़ने लगी। राज्य का प्रबन्ध अच्छी तरह होने लगा। प्रजा भी पहले से सुखी रहने लगी।

यह खबर महारानी सुनीति के पास भी पहुँची। पुत्र के त्याग का आदर्श देखकर स्नेह के कारण पैदा हुआ उनका मोह जाता रहा। त्याग के प्रभाव ने उनमें ज्ञान की ज्योति फैला दी। उन्हें नश्वर और अविनश्वर का बोध हो गया। जितने कष्टों का सामना अब तक वे करती आयीं थीं, वे सब पुत्र के आदर्श से उन्हें बहुत ही तुच्छ जँचने लगे। भोग-वासना की रही-सही इच्छा को भी हृदय से निकाल देने का आग्रह बढ़ा। मन तपश्चर्या की ओर झुका। पुत्र को परमात्मा के चरणों में समर्पित करने का एक अज्ञात गर्व-सा होने लगा। सबसे बड़े कार्य को पूर्णतया सफल कर सकने के कारण माता के अन्तरात्मा में एक प्रकार की शक्ति आने लगी। सब विकार दूर हो गये। मन में पूजा-पाठ, साधना-भजन और सत्संग की इच्छा प्रबल हो उठी। तपोवन में मुनि-पत्नियों के साथ वे सुखपूर्वक रहने लगीं।

षष्ठ परिच्छेद

नारदजी का उपदेश

ध्रुव चले गये। स्नेह की मूर्ति माता, साथ के खेलनेवाले मुनियों के बालक, प्रकृति की प्यारी मुस्कान पर इतराती हुई—हरी-भरी, कितने ही प्रकार के सुगन्धित फूलों से लहलहाती लताओं और कोमल पल्लवोंवाली अरण्य भूमि, प्रभात की किरणों से नहाई हुई, सर्वस्व समर्पित करने के लिए पुष्पाञ्जलि लेकर, परमात्मा को नित्य ही अर्घ्य देनेवाली वह विभूति, पीछे पड़ी रह गयी। उस ओर से बालक ध्रुव के हृदय में तीव्र वैराग्य की उत्पत्ति हो गयी। वह उससे भी बढ़कर एक दूसरे सत्य की खोज के लिए व्याकुल हो रहा है। आज अपने परिमित सुख की सीमा में बँधा रहकर संसार के सामने एक बहुत बड़े रहस्य पर पर्दा नहीं पड़ा रहने देना चाहता। वह चाहता है, चिर-काल के लिए दुख, अपमान, निरादर, असन्तोष, राक्षसी-वृत्ति और निर्दयता के तत्त्व—क्रूरता से बचने का उपाय मनुष्यों को मालूम हो जाय। वह चोट सहकर चुपचाप रह जानेवाली प्रकृति को लेकर नहीं पैदा हुआ।

सिर झुकाये अपनी भावना में मस्त, बालक सामने के अगणित अद्‌भुत दृश्यों को देखता हुआ चला जा रहा है। कितने ही प्रान्त, शस्य-श्यामल कितने ही खेत, कितने ही समृद्धिशाली प्रसिद्ध नगर, कितनी ही वरसि-विक्षुब्ध नदियाँ, कितने ही विशाल सरोवर छूट गये, वे बालक का ध्यान

अपनी सुहावनी सृष्टि की ओर आकर्षित न कर सके। प्रभात की स्वर्ण-किरणों की चपल बाल-लीला, दुपहर की उग्र मूर्ति की कराल विभीषिका, अस्तगामी सूर्य का अन्तिम अभिवादन, सब समाप्त हो गया, पर बालक की वृत्ति ज्यों-की-त्यों सुमेरु की तरह से अटल, समुद्र-सी गम्भीर, रात्रि-सी गहन और धरित्री-सी धीर बनी रही। लगन में कोई बाधा उसे पराजित न कर सकी। लक्ष्य से कोई प्रलोभन उसे च्युत नहीं कर सका।

मार्ग में सप्तर्षि मिले। ऋषियों को बालक की मनोहर, शान्तमूर्ति पर दया आयी। उसमें ऐसा ही अपनाव था। ऋषियों का सत्त्वगुण, बालक के महासत्त्व की ओर आप-ही-आप खिंच गया। ऋषियों का मौन ध्यान ईश्वर से हटकर बालक की ओर चला गया। संसार को भूले हुए ऋषियों ने संसार की एक अनमोल रचना प्रत्यक्ष देखी। खड़े हो गये। पूछा, "बेटा, तू कौन है? कहाँ जा रहा है?"

ध्रुव ने भी नजर उठायी। सामने ऋषियों की मूर्तियाँ देखकर भूमिष्ठ हो उन्हें प्रणाम किया। ऋषियों को परम प्रसन्नता हुई। आशीर्वाद दिया। ध्रुव बोले, "भगवन्, मैं महाराज उत्तानपाद का पुत्र हूँ। मेरा नाम ध्रुव है। मेरी माता को, मेरी विमाता जब आयी, पिताजी ने निर्वासित कर दिया है। वहीं—जंगल में मेरी उत्पत्ति हुई। ऋषियों की कृपा से वहीं मैं पला भी। एक दिन मैं पिता के यहाँ, अपने साथी मुनि-कुमारों के साथ गया। पिताजी ने मुझे अपनी गोद में बैठा लिया। यह देखकर मेरी विमाता से नहीं रहा गया। उसने मेरी बाँह पकड़ और घसीटकर मुझे पिताजी की गोद से नीचे उतार दिया। भगवन्, तब से मेरे हृदय को बड़ा दुःख हुआ है। क्यों मनुष्यों को इतना लांछन सहना पड़ता है? मैंने अपनी माता से पूछा तो उन्होंने मुझे ईश्वर से इसके कारण का प्रश्न करने के लिए कहा। मैं अब ईश्वर की खोज के लिए जा रहा हूँ।"

इतना कहकर ध्रुव चुप हो गये। आँखें नीची कर लीं। सातों ऋषि एक-दूसरे की ओर देखकर मुस्कराये। ध्रुव को आशीर्वाद दिया। कहा, "बेटा, तुमसे संसार को बहुत बड़ा लाभ होगा। तुम संसार के सामने

अविनश्वर आदर्श की स्थापना करने के लिए आये हो। तुम्हें भेजकर परमात्मा अपने एक बहुत बड़े उद्देश्य की सिद्धि करना चाहते हैं। हमें दृढ़ विश्वास है, तुम भी दृढ़ रहो, तुम्हारा मनोरथ पूरा होगा।"

आशीर्वाद देकर सातों ऋषि चले गये। ध्रुव का विश्वास और दृढ़ हो गया। दुर्बलता पर विजय पाने की एक अज्ञात शक्ति उनके अन्दर उमड़ आयी। चलते-चलते परम रमणीय प्राकृतिक दृश्य के एक अपूर्व नन्दन-वन में ध्रुव पहुँचे। चारों ओर से स्वर्गीय-स्वप्न की मनोमोहिनी माया में चिर-काल के लिए जीवों को लुभा रखने की शक्ति उस वन के पल्लव-पल्लव पर क्रीड़ा कर रही थी। ध्रुव को वह स्थान बड़ा ही हृदयग्राही जान पड़ा। इधर-उधर छोटी-छोटी पहाड़ियाँ वनदेवी की शोभा पर गौरव-किरीट-सा धारण किये हुए थीं। छोटे-छोटे झरने, हृदय के बहते हुए आनन्दोच्छ्वास हो रहे थे। चिड़ियों की चहक आनन्द की स्वागत-रागिनी थी। उस सजीवता को आँख खोलकर तृप्ति के साथ बड़ी देर तक ध्रुव देखते रहे। दिन-भर की थकावट क्षण-भर की शान्ति से जाती रही। निराशा की अलस-अँगड़ाइयाँ दूर हो गयीं। उस सजीवता से हृदय में भी सजीवता आ गयी। ध्रुव एक छोटी-सी चिकनी शिला पर बैठ गये। अपने भविष्य को कल्पना के सहारे देखने लगे। ईश्वर के प्रत्यक्ष करने का उपाय सोचने लगे।

विश्राम लेने के लिए दिन-भर के थके हुए सूर्य अस्ताचल की ओर धीरे-धीरे प्रस्थान कर रहे थे। कनक-किरणों के साथ ही सब जीवों की सजीवता भी संसार की गोद से मिटती जा रही थी। निद्रा के रंगमहल में थके-माँदे लोगों के शरीर आराम करने के लिए शिथिल पड़ते जा रहे थे। सुख और आलस्य के सामान भी विधाता की कृपा से उचित समय पर ही मिलते हैं।

सूर्य अस्त हो गये। किरणों का राज्य उठ गया। संसार पर शिथिलता का जादू चलने लगा। जीवों ने आश्रम की शरण ली। परन्तु ध्रुव उसी वन में चुपचाप अपने भविष्य की चिन्ता में डूबे हुए विचार कर रहे हैं। इतनी दूर तो वे चले आये, पर अब क्या करें। चारों ओर से न जाने कितनी दूर तक मार्गों का प्रसार बढ़ता ही चला गया है। क्या वे चिरकाल तक मार्ग

पार करते हुए अपने उद्देश्य की सिद्धि तक पहुँच सकेंगे ? अन्तरात्मा इससे इन्कार कर रहा था। परन्तु उपाय भी दूसरा न सूझ रहा था। कहाँ जायँ ? किस तरह पुकारें ? कैसे ईश्वर की कृपा उन पर हो ?

सोचते-ही-सोचते हृदय की विकलता सीमा को पार कर गयी। क्षण-भर के लिए एक दुर्बलता सामने आकर खड़ी हो गयी। साहस का बाँध टूट गया। आँखों पर निराशा की घटा उमड़ आयी। शिथिलता के बूँद टपकने लगे। ध्रुव का सर्वांग धो गया—ढीला पड़ गया, हाथ हिलाने की ताकत भी जाती रही। कुछ देर के लिए मूर्छा-सी आ गयी। बालक अपना प्रण, अपना अपमान, अपना वर और अपनी स्नेह की मूर्ति माता को भी भूल गया। मूर्च्छा के अन्धकार में उसे पहर-भर तक अपनी देह दशा की भी खबर न रही।

जंगल में चारों ओर हिंस्र-जन्तुओं का राज्य था। अपने-अपने शिकार की तलाश में सब फेरी लगा रहे थे। मूर्च्छित-बालक के पास भी आये। पर सूँघकर ही लौट गये। हिंस्र-जन्तुओं की हिंसावृत्ति को बालक के अन्दर अपना विरोधी-भाव नहीं मिला। हिंसाकार्य में इसलिए उन्हें सफलता नहीं हुई।

ध्रुव की आँख खुली। देखा, चारों ओर सन्नाटा था। पेड़ों की पत्तियाँ भी नहीं हिलती थीं। जमीन और आसमान पर अन्धकार का राज्य था। ध्रुव को माता की आज्ञा याद आयी। सप्तर्षियों का बँधाया हुआ साहस याद आया। हृदय में एक बार फिर जोश की तरंगें उठने लगीं। फिर निश्चय हुआ कि जीवन में मृत्यु का सामना एक ही वार तो करना है, फिर क्यों न मैं इस महान् प्रश्न को सामने रखकर मृत्यु के लिए तैयार रहूँ। अगर मनोरथ सिद्ध न हुआ, अगर घर लौटना पड़ा तो उस जीवन से तो विफल-मृत्यु ही मेरे लिये गौरवप्रद होगी। इतना सोचने के साथ ही हृदय में वैसी ही नवीन स्फूर्ति उमड़ आयी। आत्मा को कर्तव्य-मार्ग पर अटल रहने का आदेश करने लगी। ध्रुव एक यन्त्र की तरह आशा और निराशा का घनघोर संग्राम देखते रहे। शक्ति की प्रलयंकरी तरंगों पर बुदबुदा-सा

बैठा हुआ बालक उसकी विश्वग्रासिनी लीला प्रत्यक्ष करने लगा।

धीरे-धीरे उत्थान और पतन के भीतर से, तमाम रात पार हो गयी। रोज की तरह फिर पूर्व के आकाश में ऊषा की अरुण आभा संसार की सुप्ति को अपनी प्रस्फुट मुस्कान में मिला लेने के लिए आ गयी। जागरण के तप्त-चुम्बन-स्वरूप सूर्य भी धीरे-धीरे निकल आये। प्रभाती की स्वरहिलोर फिर पृथ्वी के एक प्रान्त से दूसरे प्रान्त तक धावा मारने लगी। ध्रुव के मन में इस दैनिक-दृश्य से भी वैराग्य हो गया। उदासीनता असफल शरीर के अणु-परमाणु से सूचित हो रही थी, मानो शरीर तक का त्याग कर ध्रुव अपने लक्ष्य पर पहुँचने के लिए तैयार हो रहे थे।

बालक की तीव्रता ने गुरु को आकर्षित किया। गुरु-रूपी आइने में ही परमात्मा का प्रतिबिम्ब पड़ता है—गुरु और परमात्मा अभेद हैं, शास्त्रों की यह उक्ति सप्रमाण सिद्ध हो गयी। ध्रुव की विकलता ज्यों-ज्यों बढ़ती जा रही थी, त्यों-त्यों उनके गुरु नारद भी समीपवर्ती होते जा रहे थे। यथा-समय पर गुरु की भावी-दृष्टि शिष्य पर पड़ी। उन्होंने ईश्वराराधनरूपी महाभाव के धारण करनेवाले अधिकारी को पहचाना। सामने आकर खड़े हो गये। पूछा, "बेटा, तू कौन है? इस एकान्त स्थान में तू कैसे आया?"

रात-भर की चिन्ता के बाद ध्रुव ने निश्चय कर लिया था कि उस देह से कोई फल नहीं है, जिससे परमात्मा के दर्शन न हों। शरीर त्याग के इस महासंकल्प के पश्चात् उन्हें सृष्टि की सभी वस्तुओं में चेतन की सत्ता दिखलायी पड़ने लगी थी। परन्तु उस समय भी ये जड़ से चेतन को अलग नहीं कर सके थे। जड़ का लगाव उनमें तब तक बना रहा था। जो कुछ देखते थे, उसमें एक साथ ही जड़ और चेतन दोनों उन्हें दिखलायी पड़ते थे। ईश्वर की चिन्ता करते-करते ईश्वर के सिवा और कुछ उनके मुख से न निकलता था। सुबह को सृष्टि की जितनी रचनाएँ देखीं, उन पर ईश्वर का भ्रम होने लगा था—वे उन्हें ईश्वर कहकर पुकारते थे। यह भ्रम गुरु के आने पर भी उन्हें हुआ।

ध्रुव बोले, "क्या तुम मेरे ईश्वर हो, भला तुम्हें इतनी देर करके आना

था ?—देखो तो मेरी क्या दशा हो रही है। अब तक तुम कहाँ थे ? मेरी माता ने कहा था कि तुम सब जगह हो। रात-भर मुझे यहाँ कितनी तकलीफ मिली, क्या तुम नहीं जानते ?"

नारद—"बेटा, अपनी प्रकृति को शान्त करो। तुम्हारी आँखें कह रही हैं, रात को तुम्हें नींद नहीं आयी। क्या तुम रात-भर से यहीं पड़े हुए हो ? बेटा, मैं ईश्वर नहीं। मैं उनका दास हूँ। परन्तु तुम चिन्ता न करो। ईश्वर तुम पर प्रसन्न हैं। हृदय को धैर्य दो। बेटा, ईश्वर के लिए करोड़ों जन्म तक की साधना और धर्म चाहिए। इतना अधीर होना ठीक नहीं। बुद्धि को स्थिर करो। अभी तो तुम यह बताओ कि तुम कहाँ रहते हो ? तुम्हारे पिता-माता कौन हैं ? इस थोड़ी उम्र में कैसे तुम उनकी गोद को छोड़कर चले आये ?"

ध्रुव—"आपकी ऐसी ही आज्ञा है तो सुनिए। मेरा नाम ध्रुव है। मेरे पिता महाराज उत्तानपाद हैं। मेरी माता का नाम सुनीति है। मेरे पिता ने अपना दूसरा विवाह कर लिया और मेरी माता को निकालकर जंगल में रहने की आज्ञा दी। मेरी माता को इस आज्ञा से राजभवन छोड़कर जंगल में आकर रहना पड़ा। वहीं मैं भूमिष्ठ हुआ। एक दिन मैं पिता के दर्शन के लिए गया था, तब तक मुझे मालूम न था कि मेरे पिता कौन हैं। मेरे साथियों से मेरी माता का नाम सुनकर मेरे पिता ने मुझे अपनी गोद में बैठा लिया। पिता के पास उनके कुछ मन्त्री भी खड़े थे। उन्होंने मेरा बड़ा आदर किया। तब तक मेरी विमाता भी वहाँ आ गयीं। उन्होंने मेरी बाँह पकड़ मुझे नीचे उतार दिया। मेरे हृदय को इससे बड़ा दुःख हुआ। मैंने अपनी माता से पूछा तो उन्होंने मुझे अपमान का कारण ईश्वर से पूछने की आज्ञा दी। भगवन्, आप कौन हैं ? आप उनके दास हैं तो मुझे भी ईश्वर का दास कर लीजिए। मुझे उनसे मिला दीजिए। आप तो ईश्वर का पता जानते होंगे ?"

नारद—"बेटा, ईश्वर के दर्शन सहज ही में नहीं होते। ईश्वर के लिए अनेक जन्मों तक धैर्य रखना पड़ता है। वह बड़ा कठिन मार्ग है बेटा, इसमें बड़े-बड़े विघ्न हैं। अभी तुम्हारी उम्र बहुत थोड़ी है। इस उम्र में तुम इतना

बड़ा साहस न करो। विमाता के किये हुए अपमान पर इतना क्षोभ क्यों करते हो ? मेरी बात मानो, घर लौट जाओ। तुम्हारी माता तुम्हारे बिना रोती होंगी। क्या तुम्हें अपनी माता की याद नहीं आती? बड़े होकर अपनी माता की सेवा करो। उनको सुखी कर सकोगे तो तुम पर सब देवता आप ही प्रसन्न होंगे। यह मार्ग बड़ा कठिन है बेटा, बड़ा कठिन है।"

ध्रुव—"तो आप मुझे डराने आये हैं? आप अपने को ईश्वर का दास भी बतलाते हैं और दूसरे उस मार्ग से रोकते भी हैं! आप मुझे फेर न सकेंगे। मैं ईश्वर के नाम पर यहीं मर जाऊँगा पर अब घर नहीं लौटूँगा। भगवन्, मुझे विमाता के अपमान का बदला नहीं लेना है, न मुझे अपनी दु:खिनी माता के लिए ही चिन्ता है—क्या ईश्वर उनकी रक्षा न करेंगे? वे बतलाती थीं—वहाँ के मुनि और मुनियों की पत्नियाँ भी कहती थीं कि एकमात्र ईश्वर ही सब लोगों की रक्षा करते हैं, उनकी कृपा से ही लोग साँस ले सकते हैं। भगवन्, क्या यह सब सत्य नहीं है? मुझे अब भुलावे में न डालिये—बतलाइये, मैं आपको अब न छोड़ूँगा, बतलाइये, ईश्वर को मैं किस मार्ग से चलकर पा सकूँगा।"

ध्रुव की विकलता देखकर नारद को दया आ गयी। उन्होंने अपने शिष्य को पहचाना। उसके महान् भविष्य की याद करके उनके हृदय में आनन्द की लहरें उठने लगीं। ध्रुव की ओर स्नेह-भरी दृष्टि फेरते हुए कहा, "बेटा, तू मेरी बात न मानेगा?"

ध्रुव ने अपनी कोमल बाँहों से महर्षि नारद के पैर पकड़ लिये। साथ ही बड़ी देर के रुके हुए वेदना के आँसू अनर्गल झरने की तरह बह-बहकर नारद के पैरों की धूलि धोने लगे। करुण-कण्ठ से बालक ने कहा, "भगवन्, दया कर मुझे परमात्मा की राह बताइये, नहीं तो आपकी भी राह रुकी है। अन्धे को आँख दीजिए—प्रकाश में लाइये, उद्धार कीजिए!"

नारद—"ध्रुव, उठो! ईश्वर तुम पर प्रसन्न हैं। अपनी कठोर साधना से संसार को शिक्षा दी। मैं भी अपना कर्तव्य पूरा करता हूँ। बेटा, तुम्हारा मन्त्र यह है। (महर्षि ने ध्रुव को मन्त्र सुना दिया।) इसको जय-सिद्धि के

समय तक न भूलना । सावधान—ध्रुव ! माया के बहुत बड़े-बड़े प्रलोभन तुम्हारे सामने आवेंगे। स्वीकार न करना यदि इन्द्रत्व भी तुम्हें मिले तो वह भगद्दर्शन के मुकाबिले में तृण-तुल्य है—उस पर रीझ न जाना। बड़ी-बड़ी बाधाओं, बड़ी-बड़ी आपदाओं का सामना करना होगा। अपना धैर्य न छोड़ना। मैं सब समय तुम्हारे साथ ही रहूँगा। चिन्ता न करना। समय के आने पर मैं तुम्हें परमात्मा से परिचित करा दूँगा। परन्तु साधना के समय आठों सिद्धियाँ तुम्हें लालच में डालकर गिरा देने की भरसक चेष्टा करेंगी, उनसे सावधान, स्वीकार करोगे तो उससे बचाने की शक्ति मुझमें नहीं है, उनका भोग तुम्हें करना ही होगा। मैं ज्ञान के द्वारा तुम्हारी मदद करता रहूँगा, तुम किसी प्रलोभन में न पड़कर मेरी मदद से काम करना। जाओ बेटा ! मैं हृदय से आशीर्वाद देता हूँ, तुम्हारा मनोरथ पूर्ण हो।"

ध्रुव ने भूमिष्ठ हो गुरु को प्रणाम किया। चरण-रज लेकर सिर पर धारण कर लिया। नारद ने फिर से आशीर्वाद दिया। शिष्य ने गुरु को पहचाना और शिष्य के भविष्य पर गुरु को भी गर्व होने लगा। चलते समय महर्षि नारद ने ध्रुव को एक और उपदेश दिया। कहा, "बेटा, यहाँ तुम्हारी साधना सफल न होगी, यह स्थान भी साधना के योग्य नहीं है। तुम यहाँ से यमुना-नदी के तट पर मधुवन में जाकर साधना करो। वहाँ स्थान की पवित्रता से तुम्हारा उपकार होगा।"

ध्रुव मधुवन चलने के लिए तैयार हुए, उधर नारदजी भी अपनी बीणा ले भक्ति-रस से भरे मधुर संगीत गाते हुए चल दिये।

सप्तम परिच्छेद

राजा उत्तानपाद का पश्चात्ताप

ध्रुव चले गये। नारद की इच्छा हुई कि चलकर उत्तानपाद से मिलें। ध्रुव पर उनकी निगाह कैसी है देखें, उनकी थाह लें, उधर रानी सुनीति को भी धैर्य दें, उनके पुत्र की खबर दें। आखिर ऋषि ही ठहरे, दया का स्रोत उमड़ पड़ा। चले महाराज उत्तानपाद से मिलने।

ध्रुव को महाराज उत्तानपाद उत्तम से कम प्यार न करते थे। उत्तम हमेशा आँख के सामने रहता है, ध्रुव जंगल में अपनी माता के पास रहते थे। परन्तु इससे प्यार में कोई कमी नहीं हुई थी। बल्कि इस भेद से प्यार और बढ़ गया था। उस प्यार के साथ एक सहानुभूति भी थी। मन की धारा भी कुछ ऐसी है कि वह दीनता को ज्यादा प्यार करती है, अकड़ से हटी रहती है। उत्तम जानता था, कि मैं राजा का लड़का हूँ, भविष्य में राजा होऊँगा। ध्रुव सोचते, कि मैं दुःखिनी माता की गोद का बालक हूँ। यह भेद महाराज उत्तानपाद के मन को अविदित न था। यही कारण था, दुःख की ओर निरपेक्ष मन का झुकाव ज्यादा था। परन्तु रानी के आगे उस मन की न चलती थी। वहाँ वह जैसे चिरकाल के लिए हार खा चुका हो। चिरकाल के लिए झुक गया हो। इसका कारण महाराज की समझ में न आया। वे नहीं समझ सके कि रूप का प्यार कैसे गुलाम बना लेता है, वह प्यार प्यार नहीं, बल्कि मोह है। मोह स्वभावतः निम्नाकांक्षी होता है, जिस पर सवार होता है, उसकी

अधोगति हो जाती है। महाराज उत्तानपाद की वही दशा हुई। मन मुट्ठी से अलग होकर गुलाम बन गया था। उसकी चेतना जाती रही थी। हृदय में किसी तरह का भी वह बल नहीं रहा था, जिससे छोटी रानी को दबा सकते। किन्तु ध्रुव के चले जाने के बाद, आधा राज्य ईश्वर के नाम पर निछावर कर देने के बाद, त्याग का वह आदर्श महाराज के लिए बड़ा ही लाभप्रद हुआ। उनके हृदय के नेत्र उन्मीलित हो गये। अपने स्वरूप को वे पहचान सके। मोह से बचने का उपाय भी सूझा। छोटी रानी से चित्त भी हट गया। ध्रुव के वैराग्य की हवा महाराज को भी लगी। उसके झोंके से सजग हो गये।

एक दिन अपने अतीत की उदास भाव से समालोचना करते हुए महाराज उत्तानपाद सुख और दुःख के अनेक आवर्तों में चक्कर काट रहे थे। सुख की मात्रा बहुत थोड़ी थी, अधिकता दुःख की ही थी। चारों ओर से उन्हें घेरकर उनके सभासद और मन्त्री भी बैठे हुए थे। महाराज के मौन से उन्हें भी लाचार होकर मौन धारण करना पड़ा। कोई-कोई चुपचाप कानों में बतला रहे थे, कोई जंभाई ले रहे थे, कोई महाराज को उदास देखकर अपना भी चेहरा मुहर्रमी बना रहा था। इस तरह के असाध्य साधन करने-वालों की संख्या ज्यादा थी। गम्भीर प्रकृति के मन्त्रियों को चिन्ता हो रही थी। जब से राज्य छोड़कर ध्रुव परमात्मा की खोज के लिए बाहर चले गये थे, तब से महाराज की उदासी बढ़ रही थी। इसका परिणाम उनके अपने लिए तो अच्छा हो रहा था, परन्तु राज्य के हक में बुरा था। रानी से तो जी हटता जा रहा था, परन्तु प्रजापालन की ओर भी रुचि नहीं बढ़ रही थी। राजा को अन्यमनस्क देखकर प्रायः सभी मन्त्रियों को चुपचाप लौट जाना पड़ता था। वे स्वयं सब काम सँभाल लेते थे, पर बिना राजा के परामर्श के उन्हें भविष्य-कार्य के लिए चिन्ता हो रही थी। आज भी सभा में आते ही महाराज अन्यमनस्क हो बैठ गये। यह भाव मन्त्रियों को कई दिनों से खटक रहा था। आपस में सलाह करके वे कोई निश्चय भी नहीं कर सके थे। स्वामी-सेवक, राज्य के सच्चे हितैषी, कार्य-कुशल मन्त्रियों को

कोई उपाय न सूझा, तो मन-ही-मन ईश्वर से सहायता की प्रार्थना करने लगे। दयानिधान भगवान् ने उनकी मदद की। उस दिन घूमते-फिरते सभा में देवर्षि नारद का शुभागमन हुआ।

महाराज को पुकारकर मन्त्रियों ने महर्षि के आने की खबर दी। चौंक-कर महाराज ने आँखें खोलीं। सामने ऋषिवर को खड़ा हुआ देखकर भूमिष्ठ हो प्रणाम किया। उनके बैठने के लिए अपना सिंहासन खाली कर दिया। दरबार के सब लोगों ने महर्षि को आते ही उठकर उनका अभिवादन किया। उनके आसन ग्रहण करने के पश्चात् भूमिष्ठ होकर सब लोग नम्बर-वार प्रणाम करते गये। नारद ने पास ही महाराज को भी बैठने के लिए आज्ञा दी। महाराज बैठ गये। महाराज के बैठने के पश्चात् मन्त्रियों ने भी आसन ग्रहण किया और सभासद भी बैठे।

नारद कुछ मुस्कराये। सबकी ओर स्नेह-भरी दृष्टि से कुछ देर तक देखते रहे। फिर महाराज से पूछा, "क्यों महाराज, कुशल तो है? राज्य में कोई नयी खबर तो नहीं है?"

राजा—"भगवन्, स्वास्थ्य अच्छा नहीं है, चिन्ताग्रस्त रहा करता हूँ। राज्य की देख-रेख और रक्षा आदि का प्रबन्ध इस समय प्रधान-मन्त्री स्वयं करते हैं। मानसिक क्लेश के कारण मैं कुछ कर नहीं सकता।"

नारद—"क्यों महाराज, आपके क्लेश का क्या कारण है? अगर बस की बात होगी तो यथासाध्य मैं उसे दूर करने की चेष्टा करूँगा। आप बतलाइये, आपको क्या क्लेश है?"

महाराज ने बड़े दीनभाव से देवर्षि की ओर देखा। उनके भाव में विवशता झलक रही थी। मुख पर उदासी छा रही थी। जैसे अपने बचाव के लिए वह कोई मजबूत सहारा चाहता हो। नारद की दिव्यदृष्टि को महाराज की वेदना का कारण मालूम हो गया। परन्तु वे स्वयं कुछ भी न बोले। महाराज के दुःख का कारण सभा में सबके सामने प्रकट करा देना चाहते थे। इसलिए समझकर भी मौन धारण किये चुपचाप बैठे रहे।

महाराज ने एक लम्बी साँस छोड़ी। चिन्तित भाव से कहा, "भगवन्,

जिस धागे को रेशम की डोर समझकर मैंने गले लगाया था, वह अब मेरे गले की फाँसी हो गया है, जिस फूल को बड़े चाव से मैंने सूँघा था, उसकी सुगन्धि तो क्षण-भर के बाद ही जाती रही और सूँघने के साथ ही जो कीट मस्तिष्क के भीतर समा गया था, अब उसका दंश मुझे बेहद विकल कर रहा है, जिस घटा को देखकर मेरे मन को मलार की रागिनी सूझी थी, अब उसकी प्रलय की वर्षा में मेरा जीवन-सर्वस्व बहा जा रहा है, जिस प्याले में मैंने अमृत की जीवनी-शक्ति देखी थी, उसमें जहर घुला हुआ मिला, जिसमें स्वर्ग समझता था, वह मेरे लिए नरक से भी भयानक हो गया है, वह मादक स्पर्श, मैं अब समझा, मेरा कितना घोर मोह था—मेरा सर्वस्व डुबा देने-वाला, अपनी माया में मेरी जीवित सत्ता को ले डूबनेवाला, मुझे पश्चात्ताप की ज्वाला में अनन्त काल तक के लिए दग्ध करनेवाला निकला—भगवन्, शायद अब मेरा उद्धार न होगा !"

नारद—"महाराज, आपकी बातों से जान पड़ता है, आपको बहुत कड़ी चोट लगी है। परन्तु इस तरह यथार्थ सत्य लोग कैसे समझेंगे। इतना तो समझ में आ गया कि आपको बहुत बड़ा मानसिक क्लेश हो रहा है। परन्तु साधारण रीति से आप अपने क्लेश का कारण तो बतलाइये। महाराज, दर्द ही नहीं मालूम तो फिर दवा कैसे हो ?"

राजा—"देवर्षि, क्या मेरा घाव भर जायगा ? मैं बिलकुल निराश हो चुका हूँ—मेरी निराशा उत्तरोत्तर बढ़ती ही जा रही है। शायद अब मेरे रोग का कोई प्रतिकार···"

नारद—"नहीं-नहीं, प्रतिकार अवश्य होगा। महाराज, आप तो बिलकुल बच्चों की तरह से बातें कर रहे हैं। प्रतिकार जिसका न हो, ऐसा कुछ संसार में है ही नहीं। विधाता ने सर्प की सृष्टि करने के साथ ही उसके दंश से बचने की औषधि की भी सृष्टि की है। आप जानते हैं विष के साथ ही अमृत की भी सृष्टि हुई है। महाराज, इतना घबराते क्यों हैं ? आप वीर हैं—इस तरह हिम्मत हारना आपका धर्म नहीं है। आप जब तक अपने अपराध को यत्नपूर्वक हृदय में धारण किये रहेंगे, तब तक उसकी ज्वाला से

अन्तरात्मा अवश्य दग्ध होती रहेगी, और यदि आप उसे प्रकट कर देंगे तो वह आपको छोड़कर अन्तर्हित भी हो जायगी। फिर उसका प्रवेश किसी तरह भी आपके अन्दर न हो सकेगा। महाराज, सुकर्म और दुष्कर्मों का यही रहस्य है। सुकर्मों को छिपाना चाहिए और दुष्कर्मों को प्रकट कर देना चाहिए। दुष्कर्म, प्रकृति की आसुरी माया के प्रभाव से होते हैं। मनुष्य मात्र के लिए भ्रम होना स्वाभाविक है। महाराज, आप अपने हृदय का हाल कहिए, विश्वास कीजिए, आपको शक्ति मिलेगी।"

राजा—"भगवन्, बात यह हुई कि बड़ी रानी सुनीति के सहवास में दीर्घकाल बीत जाने के पश्चात् भी जब उनके कोई लड़का न हुआ, तब राज्य की भविष्य-चिन्ता से मैं कुछ उदास रहने लगा। मेरी उदासी का कारण बुद्धिमती रानी को मालूम हो गया। उन्होंने मुझे दूसरा विवाह कर लेने के लिए कहा, वार-वार इसके लिए आग्रह करती रहीं। मेरी इच्छा नहीं थी कि मैं दुबारा विवाह करूँ। मैं सुनीत को बहुत ही प्यार करता था। सुनीति के रहते दूसरा विवाह करना मेरे हृदय को दुःखप्रद हो रहा था। परन्तु भाग्यवश उनके कहने पर, मैंने दूसरा विवाह कर लिया। छोटी रानी सुरुचि के आने पर सुनीति ने मेरा संग छोड़ दिया। सुरुचि की सखी की तरह रहने लगीं। सुरुचि का शृंगार प्रायः वह स्वयं ही किया करती थीं। पहले दोनों सौतों में कोई विरोधीभाव नहीं पैदा हुआ। इधर मैं सुरुचि के रूप पर तन-मन से निछावर हो गया। अपना सर्वस्व मैंने उसे दे दिया। मुझे अपने वश में जानकर मुझ पर वह अपने अव्यर्थ वाणों का प्रहार करने लगी। रोज तरह-तरहकी शिकायतें सुनीति के विरुद्ध किया करती थी। मैं उसकी माया में इस तरह भूला हुआ था कि उस समय विचार करने की शक्ति भी मुझमें नहीं रह गयी थी। मैं उसकी बातों पर आ गया। रानी सुनीति को उसके कहने के अनुसार व्यभिचारिणी समझकर राजमहल से उसे बाहर निकाल दिया। वह जंगल में रहने लगीं। सुनीति के चले जाने पर मैं छोटी रानी को लेकर उसके प्रम में अपना राजधर्म भी कुछ दिनों के लिए बिलकुल भूल गया। इसी बीच में एक दिन शिकार खेलने की इच्छा हुई। मैं अपने कुछ साथियों

को लेकर जंगल में शिकार की तलाश में चला गया। बहुत खोजा शिकार न मिला। शाम भी हो गयी थी। घोड़ा घने जंगल के भीतर बढ़ता चला गया। सूरज भी छिप गया। राह नहीं सूझी। मैं भटक गया। मेरे साथी बाहर ही मेरी खोज करते रह गये। मैं भीतर-ही-भीतर घोड़ा बढ़ाता हुआ, एक दीपक की ज्योति का लक्ष्य करके एक कुटिया के सामने जा पहुँचा। घोड़े को पेड़ की डाल से बाँध दिया। कुटिया के भीतर गया तो उसकी तपस्विनी ने मुझे देखते ही मेरा बड़ा स्वागत किया, मेरे पैर धोने के लिए आयी, पर विवश हो गयी, रोने लगी। उसकी सूरत बहुत दिनों से न देखने के कारण मैं एक तरह से भूल ही गया था। पीछे से मैंने भी उसे पहचाना। वह वनवासिनी मेरी बड़ी रानी वही सुनीति देवी थी। उस रात को मैंने बड़ी रानी का आतिथ्य स्वीकार किया और उस दिन, रात-भर वहीं रहा। सुबह को रानी को धैर्य देकर अपनी राजधानी चला आया। दसवें महीने रानी सुनीति के गर्भ से ध्रुव की उत्पत्ति हुई। इसके बाद जो हुआ आपको मालूम ही है। ध्रुव कैसे यहाँ से तिरस्कृत होकर बन में जा बैठा।

इतना कहते ही कहते महाराज की आँखों से आँसुओं की धारा बह चली। धैर्य का बाँध टूट गया। कातर दृष्टि से महाराज नारदजी की ओर देखने लगे। उनकी व्याकुलता देखकर देवर्षि नारदजी को दया आ गयी। पश्चात्ताप की बढ़ती हुई ज्वाला में महाराज को दग्ध होते देखकर नारदजी को विश्वास हो गया कि परिणाम अवश्य ही सुखकर होगा। उन्होंने कहा, "महाराज, इस संसार में मनुष्य-मात्र को भ्रम हुआ करता है। वे बड़े ही पुण्यात्मा हैं, अपने जीवनकाल में जिन्हें अपने भ्रम का ज्ञान हो जाय। महाराज, आप ध्रुव के लिए चिन्ता न कीजिए। ध्रुव का अनिष्ट करे, ऐसी शक्ति संसार में नहीं है। उसके पिता होकर आप भी कीर्ति के अधिकारी होंगे, उसके साथ आपका नाम भी संसार में अमर हो जायगा। आप ध्रुव को साधारण एक बालक मात्र न समझिये। वह परमात्मा की विभूति लेकर पैदा हुआ है। उस पर प्रतिक्षण परमात्मा की शुभ-दृष्टि रहती है। प्रतिक्षण वे उसकी रक्षा कर रहे हैं। आप अब निश्चिन्त हो जाइए। यथासाध्य अपना

सुधार कीजिए। ध्रुव तपस्या कर रहा है। मैं उससे मिलकर अभी आ रहा हूँ। परमात्मा का साक्षात्कार प्राप्त किये बिना वह घर न लौटेगा। अपने हठ पर वह अचल है। मैंने उसे घर भेजने का भरसक प्रयत्न किया था, परन्तु मुझे सफलता नहीं हो सकी। उसके लिए आपको किसी प्रकार की चिन्ता भी न होनी चाहिए। वह किसी वैर-भाव से परमात्मा की शरण में नहीं गया है। उसका उद्देश्य बहुत ही महान् है। वह एक बहुत बड़े प्रश्न को हल करके, चिरकाल के लिए एक सच्चा आदर्श संसार के सामने रखना चाहता है।"

राजा—"महर्षिवर, क्या आपसे उसने मेरी कोई चर्चा नहीं की?"

नारद—"नहीं महाराज, आपकी और कोई चर्चा उसने नहीं की। सिर्फ आपका परिचय मात्र उसने दिया था। इतना उसे विवश होकर कहना पड़ा था, क्योंकि मैंने उससे एक ऐसा ही प्रश्न किया था। मैं उसके पिता और माता का नाम जानना चाहता था। महाराज, ईश्वर के सिवा और किसी मनुष्य या वस्तु पर उसका ध्यान नहीं है। वह और कुछ भी नहीं चाहता। वह बस अपनी ही लगन में लगा हुआ है।"

राजा—"भगवन्, आप उससे कहाँ मिले थे?"

नारद—"महाराज, एक घोर जंगल में सुबह को भगवद्-भजन करता हुआ मैं चला आ रहा था, रातभर का जगा हुआ बालक परमात्मा के दर्शनों के लिए विकल हो रहा था। उसी समय उसकी उसी अवस्था में मैं उससे मिला था। आप कोई चिन्ता न कीजिए। मैं उसे यमुना-नदी के तट पर, मधुवन नामक स्थान में तपस्या करने के लिए भेजकर आपके यहाँ आ रहा हूँ।"

राजा देवर्षि के चरणों पर गिरे, प्रणाम किया। साथ ही सभा के लोगों ने भी भूमिष्ठ होकर नारदजी को प्रणाम किया। ध्रुव के त्याग से राज्य के सब लोग ध्रुव की तरफ हो गये थे। सब प्रजा मन से ध्रुव को आशीर्वाद दे रही थी। ध्रुव की खबर पा सबके मन में प्रसन्नता हुई। सब लोग ध्रुव की सफलता के लिए ईश्वर से प्रार्थना करने लगे।

देवर्षि नारद महाराज को सन्तोष देकर वहाँ से विदा हुए। मधुर कण्ठ से भगवद्-गुणानुवाद गाते हुए नारद उस वन की ओर चले, जहाँ ध्रुव की माता सती-शिरोमणि सुनीति देवी रहती थीं।

नारद के आने का संवाद बात-की-बात में तपोवन के एक छोर से दूसरे छोर तक फैल गया। वहाँ जितने ऋषि और मुनि, उनकी पत्नियाँ, कन्याएँ और बालक थे, सब-के-सब सुनीति देवी की कुटी के सामने आकर जमा हो गये। देवर्षि नारद के दर्शनों के लिए, उनसे मिलने की सबकी उत्कण्ठा हुई।

देवर्षि बैठे हुए थे। रानी सुनीति ने उन्हें प्रणाम किया। देवर्षि नारद के हृदय में सुनीति को देखकर आनन्द का पारावार न रहा। जिस आधार से ध्रुव जैसे परम धार्मिक शुद्ध-सत्त्व की उत्पत्ति हो सकती है, उसकी मर्यादा देवर्षि खूब समझते थे। उन्होंने रानी सुनीति की देवी-मूर्ति को देखकर उनके अन्दर रहनेवाली विश्वम्भरा भगवती को वारम्वार मन-ही-मन प्रणाम किया। मनुष्य लोक में वैसी मूर्ति, धर्म की वैसी विभूति, निरभिमान सत्ता की वैसी जाग्रत ज्योति उन्होंने कभी नहीं देखी थी। निश्चल नेत्रों से नारद परमात्मा की इस महोच्च सृष्टि को देखते रहे।

पुत्र के वियोग से रोती हुई रानी की आँखें लाल हो रही थीं। उनके मुख पर उदासी छायी हुई थी। संसार में जो एक मात्र अवलम्ब उनका रह गया था, उसके चले जाने पर उनका हृदय जलकर भस्मावशेष-सा हो रहा था।

नारद ने कहा, "देवी, आप अपने पुत्र के लिए चिन्ता न कीजिए। आपका पुत्र परम सुख से है। उसने ईश्वर की शरण ली है, अब उसके लिए चिन्ता या दुःख करना धर्म-विरुद्ध होगा। आप उसकी माता हैं, उसे आपसे ही उपदेश मिला है। आप-जैसी माता संसार में कदाचित् किसी को मिलती है। मैं आपके पुत्र से मिलकर आ रहा हूँ। वह बड़ा भाग्यवान् है। वह जीवों को बहुत बड़ी शिक्षा दे जायेगा। ईश्वर की उस पर सदा ही कृपा रहती है। देवी, आपका पुत्र मधुवन में यमुना-नदी के तट पर अपने उद्देश्य की सिद्धि

के लिए कठोर तपस्या कर रहा है। मैंने उसे घर लौटाने की चेष्टा की थी, पर मैं सफल नहीं हो सका। आप आनन्दपूर्वक रहिए। आपके लिए इससे बढ़कर गौरव की बात और क्या होगी कि आपके साथ रहकर आपकी शिक्षा से, पाँच वर्ष की अवस्था में आपके पुत्र को नित्य और अनित्य का ज्ञान हो गया है। यह सौभाग्य आज तक किसी माता को प्राप्त नहीं हुआ है। यदि आप अपने पुत्र की चिन्ता करेंगी, यदि शोक करेंगी, तो इससे उसकी तपस्या में विघ्न होगा, इसलिए आप उत्साहपूर्वक अपने महाभाग्यवान पुत्र को आशीर्वाद देती रहिए, जिससे उसकी साधना सफल हो।"

रानी सुनीति ने देवर्षि नारद की बात सुनकर उन्हें प्रणाम किया। इस पर वे कुछ बोली नहीं। इसके बाद नारद सबको प्रसन्न करके ऋषियों को ईश्वर के भजन का महात्म्य सुनाकर आनन्दपूर्वक विदा हुए।

अष्टम परिच्छेद

ध्रुव की घोर तपस्या

ध्रुव मधुवन में पहुँच गये। प्रकृति देवी की अवर्णनीय शोभा ने चित्त का चाव चौगुना कर दिया। भाव में दृढ़ता आ गयी। उत्साह का स्रोत उमड़ चला। एक अच्छा-सा स्थान तपस्या के लिए खोजकर वहीं आसन जमा दिया। विश्वास और भक्ति की मात्रा दिन-पर-दिन बढ़ती गयी। अलक्ष्य रीति से गुरु का दिया हुआ आशीर्वाद काम कर रहा था। दिन-पर-दिन ध्रुव की साधना उच्च-से-उच्च सोपानों को पार करने लगी। क्रमशः बालक उस अवस्था को पहुँचा, जिससे ईश्वर का नाम उसके रोम-रोम में व्याप्त हो सकता था।

साधना के प्रभाव से मुख-मण्डल पर स्वर्गीय ज्योति आकर विराजमान हो गयी। वह पहला शरीर ही बदल गया। सिद्धि के लक्षण धीरे-धीरे प्रकट होने लगे। परन्तु कभी-कभी निराशा भी अपना प्रभाव दिखा जाती थी। ध्रुव का ध्यान घर की ओर चला जाता था। माता की अवस्था पर विचार करने के साथ ही वह अधीर हो उठता था। पिता के स्वभाव पर दुःख होता था। परन्तु गुरु की शक्ति ध्रुव को इन तुच्छ बातों से खींचकर तत्काल ईश्वराभिमुखी कर देती थी, मन को संसार की कुल बातों से—यहाँ तक कि शरीर से भी हटाकर ईश्वर की ओर लगा देती थी। इस तरह उत्थान और पतन के साथ-ही-साथ ध्रुव साधना की उस उच्च भूमि पर

पहुँचे, जहाँ से सिद्धि का द्वार बहुत नजदीक रह जाता है।

इस अवस्था में ध्रुव को शरीर का ज्ञान नहीं रहा। भूख, प्यास, सर्दी, गर्मी, आदि शरीर पर प्रभाव डालनेवाले विषय प्रायः छूट गये। कहीं दो-चार दिन बाद ज़रा देर के लिए शरीर की ओर मन आता था, भूख और प्यास के लक्षण आत्मा पर प्रकट होते थे। यमुना का जल और पेड़ों से पककर गिरे हुए फलों को खा-पीकर तृप्त हो जाते थे। उन्हीं फलों और उसी जल के आधार पर ध्रुव के दिन कटते थे।

इधर ध्रुव की कठोर तपस्या से देवता बहुत घबराये। उन्हें अपने स्थान से च्युत होने का भय हुआ। वे डरे कि अब तो ध्रुव हमारा स्थान लेनेवाले हैं। इसलिए तपस्या में विघ्न डालने के उपाय सोचने लगे। सबसे ज्यादा घबराहट इन्द्र को हुई। मारे भय के रात को उनकी आँख न लगती थी। इन्द्र स्वप्न देखते थे कि जैसे उनका इन्द्रासन छिन गया है। उनके नन्दन-वन और रम्भा, मेनका, उर्वशी आदि अप्सराओं में अब ध्रुव का विहार हो रहा है। मारे चिन्ता के उनका चेहरा उतर गया। दिन-रात वे सोच-विचार में ही पड़े रहते थे। एक दिन उन्हें यह सूझा कि इस तरह सोच में घुल-घुलकर जान देने से तो बेहतर यह है कि ध्रुव की तपस्या भंग करने पर कमर कसकर तैयार हो जाऊँ। समर्थ के लिए साधनों की कमी नहीं। इन्द्र के सहायक हजारों ही थे। हवा, पानी, धूप, सर्दी, ओले, मदन, रति और युवती अप्सराएँ सैकड़ों उसके सहायक थे—बल्कि आज्ञा पालन करनेवाले दास थे। तपस्या में विघ्न डालने का कभी मौका मिल गया तो इनके जैसे देवता प्रसन्न हो गये। उन्हें दिल-बहलाव का एक अवसर मिल जाता है।

इन्द्र की आज्ञा से उनके अनुचरों ने ध्रुव की तपस्या में विघ्न डालना आरम्भ कर दिया। पहले पवनदेव ने जोर मारा। ऐसी आँधी उठी कि मुँह में धूल भर गयी। तिनके और पत्ते उड़कर देह में लगने लगे—तपस्या में विघ्न होने लगा। परन्तु इस उत्पात की ओर ध्रुव ने बिलकुल ध्यान ही नहीं दिया। निश्चल भाव से ईश्वर की चिन्ता में मग्न रहे। पवन के बाद वरुणदेव की बारी आयी। चारों ओर से काली घटा उमड़ आयी। देखते-

ही-देखते मूसलाधार वर्षा होने लगी। बड़ी-बड़ी बूंदों की मार शुरू हो गयी। परन्तु इससे भी बालक को असन्तोष नहीं हुआ। वह पहले ही-सा ध्यानावस्थित रहा। धूप-सर्दी, सब तरह के उत्पातों को चुपचाप वह सहता गया।

इसके बाद प्रकृति ने शत्रुता ठानी। उसे कब मंजूर था कि उसके राज्य से उसका शिकार निकल जाय। ईश्वर प्रकृति की सीमा से बाहर हैं। ध्रुव प्रकृति के राज्य को पार कर जाना चाहते थे। यह चंचला प्रकृति को मंजूर कैसे होता? उसने अपना पराक्रम दिखलाना आरम्भ कर दिया, छाया-मूर्ति बनकर आने लगी। एक दिन ध्रुव ध्यान में मग्न हो रहे थे कि उन्हें उनकी माता, सुनीति देवी की आवाज सुन पड़ी। बच्चे के बिना जैसे वे अधीर होकर उसे पुकार रही हों। माता के करुण कण्ठ-स्वर को सुनते ही ध्रुव का ध्यान भंग होने लगा—मन विचलित हो गया। आँखें खोलकर एकाएक माता को देखने की लालसा पैदा हुई, उनके मन में सहानुभूति का संचार होने लगा। परन्तु इसके साथ ही गुरु के उपदेश याद आ गये। जब तक ईश्वर की प्राप्ति न हो, तब तक अपनी तपस्या से न उठना—ध्यान करते समय मन को दूसरी तरफ जाने से रोकना, संसार के लोभ में न फँसना—माया तुम्हारी परीक्षा लेगी—तुम्हें तपस्या से पतित कर देगी—आदि, गुरु के दिये हुए उपदेश याद आ गये। ध्रुव सचेत हो गये। माता की आवाज से मन को हटाकर फिर ईश्वर की ओर ले गये। माया की करामात कारगर न हुई। वह भी हारकर चली गयी।

धीरे-धीरे कितने ही वर्ष बीत गये। परन्तु ईश्वर से साक्षात्कार न हुआ। गुरु की आज्ञा से एक क्षण के लिए भी ध्रुव का मन नहीं हटा। परन्तु कभी-कभी ईश्वर के दयालु कहलाने पर उन्हें दुःख और अभिमान हो आता था। जो दयालु है, क्या वह इतना निर्दय हो सकता है? क्या वह इतने काल तक अपने भक्त को भूलकर रह सकता है? यदि ईश्वर को अपने भक्त पर प्यार होता तो क्या वे मेरी सुध न लेते, क्या मैं उनकी दया का पात्र नहीं? इस तरह की अनेक बातें ध्रुव को कभी-कभी सन्देह के सागर

में डाल दिया करती थीं। लेकिन इस सन्देह का भंजन बहुत शीघ्र हो जाता था। अलक्ष्य रीति से महर्षि नारद सदैव अपने प्यारे शिष्य की खबर लेते रहते थे। जब वे उसे हताश देखते थे, तब अपनी शक्ति और विश्वास के बल से ध्रुव की तपस्या के विघ्न-स्वरूप कुल सन्दिग्ध विषयों का निराकरण कर दिया करते थे। ध्रुव को अपने आत्मा में अपने प्रश्नों का साफ उत्तर मिल जाता था। उन्हें मालूम हो जाता था कि ईश्वर न्यायी है, वह किसी पर पक्षपात नहीं करता, वह समय के आने पर ही दया करता है, उसे कोई धोखा नहीं दे सकता, वह अन्तर्य्यामी है, हृदय के अन्दर की कुल बातें वह समझ लेता है, जब वह समझ लेगा कि अब दया करने का समय आ गया है, तब वह अवश्य दया करेगा। इस तरह ध्रुव का विश्वास फिर दृढ़ हो जाता था, मन में एक नयी शक्ति आ जाती थी।

क्रमशः तपस्या के पीछे ध्रुव की भूख-प्यास हट गयी, वे तल्लीन होकर ईश्वर की साधना करने लगे। अब देवताओं को बड़ी घबराहट हुई। अपनी शक्ति-भर तपस्या भंग करने की कोशिश वे पहले ही कर चुके थे, इसलिए अब दुबारा उन्हें शक्ति का भरोसा नहीं हुआ। अब उन्हें ईश्वर से प्रार्थना करने की सूझी।

सब देवता संघबद्ध होकर अपने निस्तार के लिए स्तुति-वन्दनाएँ आदि करने लगे। भगवान् विष्णु उन पर प्रसन्न होकर उनके पास आये और पूछा कि तुम लोग इस तरह क्यों घबराये हुए हो? देवताओं ने सम-स्वर से कहा, भगवन्, अब तो हम लोगों के दिन, जान पड़ता है कि पूरे हो गये। हम लोग ध्रुव की कठोर-तपस्या से इतने डर गये हैं कि रात को नींद नहीं आती। सदा ही भय लगा रहता है कि हमारा स्थान अब ध्रुव ने लिया। हमारी रक्षा अब बिना आपके और दूसरा कोई नहीं कर सकता। आप भक्त-वत्सल हैं, आप ही की कृपा से अब तक हम लोग बचते आये हैं, अब फिर हमारे उद्धार का मौका आ गया है, इसलिए भगवन् हम लोग आपके शरणागत हैं —आप हमारी रक्षा करें।" देवताओं का भय देखकर विष्णु भगवान् पहले तो हँसे, फिर कहा कि तुम लोग व्यर्थ ही इतना डरे हुए हो, ध्रुव इन्द्रत्व की

प्राप्ति के लिए तपस्या नहीं कर रहा है, वह सिर्फ मेरे दर्शनों का प्रार्थी है। तुम लोग चिन्ता दूर कर दो और आनन्दपूर्वक अपने-अपने घरों में रहो। मैं ध्रुव की अभिलाषा पूरी करूँगा।

इधर जब तपस्या करते हुए बहुत काल हो गया और परमात्मा के दर्शन न हुए, तब ध्रुव को बड़ी ग्लानि हुई, सोचा कि इतने दिन व्यर्थ ही चले गये, कठोर-हृदय परमात्मा के हृदय में दया का संचार न हुआ—उन्होंने अपने दास की खबर न ली! परन्तु अब मैं बहुत दूर चला आया हूँ—संसार छोड़कर इतनी दूर आ गया हूँ कि अब संसार में लौटकर जाना लज्जा की बात होगी—माता को मैं प्रसन्न न कर सकूंगा, मेरी असफलता पर सुरुचि हँसेगी। ऋषियों के बालक मेरी दिल्लगी उड़ायेंगे—मैं लोगों की आँखों से आँखें न मिला सकूंगा। अब तो बेहतर यह है कि जिस उद्देश्य को लेकर मैं निकला हूँ, उसी की साधना में मेरा प्राणान्त हो जाय। ईश्वर के लिए अगर जान चली जायगी, तो बुरा क्या है? लोग कहेंगे तो कि ध्रुव ईश्वर के दर्शनों के लिए गया था और जंगल में वह उन्हें रोता हुआ मर गया। मेरे मरने से ईश्वर पर कलंक लगेगा—क्या बुरा है? जिसने मुझे इतना दुःख दिया—मुझे इस तरह भटकाया, मेरी मृत्यु से उसकी दया और स्नेह का परिचय तो लोगों को हो जायगा—क्या फिर भी ईश्वर के दर्शनों की लालसा किसी को होगी? क्या फिर कोई घर-द्वार छोड़कर ईश्वर के लिए निकलेगा? लोगों को इतनी ही शिक्षा मिल जाय, क्या बुरा है।

दुःख और क्षोभ के कारण ध्रुव को अत्यन्त कष्ट हुआ। अब की बार ईश्वर-दर्शन और दूसरी ओर मृत्यु की बाजी लगाकर वे तपस्या करने लगे। भूख-प्यास की बात क्या, शरीर तक के छोड़ने का निश्चय हो गया। एकाग्र-चित्त होकर मन्त्र का जाप करते हुए वे परमात्मा का ध्यान करने लगे।

ध्रुव की तपस्या से भगवान् विष्णु का आसन डोल उठा। उधर अपने शिष्य की कठोरता देखकर देवर्षि नारद बहुत प्रसन्न हुए। बैकुण्ठ में एक दिन ध्रुव की बातें सोचते हुए भगवान् विष्णु कुछ अन्यमनस्क हो रहे थे। लक्ष्मी के किसी प्रश्न का उत्तर देना वे भूल गये। भगवान् को चिन्तामग्न

देखकर लक्ष्मीजी ने पूछा कि भगवन्, आज क्या है जो आप मेरे प्रश्नों के उत्तर देने में इतनी देर कर रहे हैं ? भगवन् विष्णु ने कहा कि प्रिये, क्या बताऊं, मेरा मन इस समय चंचल हो रहा है। ध्रुव मेरे दर्शनों के लिए ऐसी कठोर तपस्या कर रहा है कि अब बिना दर्शन दिये नहीं रहा जाता।

लक्ष्मी ने कहा, आप बड़े कठोर हो। आपको दयालु नाम रिश्वत के बल से मिला होगा ! अब तक भी आपने उस दुधमुंहे बच्चे की सुध न ली ! उसे कितना सताया। उसकी अनाथिनी माता को दुःख दिया और उसे भी इतने दिनों से रुलाते आये। जाइए महाराज, बहुत जल्द उसे दर्शन दे उसकी इच्छा पूरी कीजिए।

नवम् परिच्छेद

भक्ति की विचित्र महिमा

आज के प्रातःकाल की कुछ और ही छटा है। तमाम प्रकृति जैसे किसी के राज्याभिषेक की शोभा हो। आसमान साफ है। कहीं बादल का एक टुकड़ा भी नहीं नजर आता। सूर्य की सुनहली किरणें प्रकृति के मस्तक पर जैसे सोने का मुकुट रक्खे हुए हों। पक्षियों के कलरव से जैसे स्वागत-समय का संगीत गाया जा रहा हो। फूल और पत्ते बन्दनवार हो रहे हों। उधर यमुना की कुछ और ही शोभा थी। चौड़े विशाल वक्षस्थल पर मानो वे सुख की तरंगें उठ रही थीं।

उधर ध्रुव के हृदय में भी एक अज्ञात प्रसन्नता का भाव छाया हुआ था। प्राणों के समर्पण करने की भावना ज्यों-ज्यों बढ़ रही थी, त्यों-त्यों एक अद्भुत आनन्द हृदय को व्याकुल करता जा रहा था। आत्मा को विश्वास हो रहा था कि अब सिद्धि का द्वार बहुत नजदीक आ गया है।

एकाएक आवाज आयी, 'ध्रुव, तुम्हारी साधना पूरी हो गयी। मैं तुम पर प्रसन्न हूँ। तुम वरदान माँगो, कहो, तुम्हें क्या चाहिए ?'

ध्रुव ने आँखें खोलकर देखा, शंख-चक्र-गदा-पद्म-धारी भगवान् विष्णु सामने खड़े हुए थे। देखकर नेत्र थक गये। रूप पर टकटकी बँध गयी। आँखों की राह से रूप-रस का वे जितना ही पान करते जाते थे उतनी ही पान करने की आकांक्षा बढ़ती जाती थी। हाथ जोड़ गद्गद होकर भगवान् की

स्तुति करने लगे। क्षणमात्र में सारा दुःख भूल गये। पिता और विमाता का किया हुआ अपमान भूल गये। जिस उद्देश्य को लेकर तपस्या करने आये थे, वह भी भूल गये। इष्ट देवता ने प्रसन्न होकर वर माँगने की आज्ञा दी, यह बात भी भूल गये। केवल उन्हें देखते रहना—उनके रूप-रस का पान करते ही रहना याद रहा। स्तुति-वन्दना समाप्त हो जाने पर कठ-पुतली की तरह निश्चल भाव से हाथ जोड़े हुए अपने इष्टदेवता के सामने ध्रुव खड़े रह गये।

भगवान् विष्णु ने फिर कहा कि, "ध्रुव, तुम क्या चाहते हो कहो—तुम्हारी तपस्या पर मैं बहुत प्रसन्न हूँ।"

ध्रुव ने कहा, "भगवान्, मुझे कुछ नहीं चाहिए। तुम्हारे दर्शनों से मुझे सबकुछ मिल चुका है।"

विष्णु, "ध्रुव, तुम्हें मेरे लिए बड़ा कष्ट मिला है। लेकिन अपने पिछले कष्टों पर ध्यान न देना। तुम आदर्श हो, इसलिए तुम्हें अधिक कष्ट भोगना पड़ा, जो लोग मेरे दर्शनों की आशा से साधन करेंगे, वे तुम्हें जरूर स्मरण करेंगे। तुम्हारे दुःख और कष्टों का स्मरण कर वे दुःख और कष्टों का सामना कर सकेंगे। अब तुम कहो, मैं तुम्हें क्या दूँ?"

ध्रुव, "भगवन्, मेरी समझ में नहीं आता कि मैं क्या माँगूं। तुम्हें जैसा उचित जान पड़े, वैसा वरदान दीजिए।"

विष्णु, "ध्रुव, पिता और विमाता के किये गये अपमान को स्मरण करके तुमने मेरी शरण ली थी, इसलिए पहले तुम्हें राज्य-भोग करना होगा। तुम्हारी माता को भी इसी से शान्ति मिलेगी। लोगों को भी इससे विश्वास होगा कि ईश्वर में सबकुछ देने की शक्ति है।"

यह कहकर भगवान् विष्णु ने अपनी विभूति प्रदर्शित की। उस एकान्त वन में देखते-ही-देखते, अगणित रथ, घोड़े, हाथी और पैदलों की सेना तैयार हो गयी। करोड़ों रुपये का कोष भी उसके साथ था। ध्रुव को भगवान् विष्णु की कृपा पर बड़ा आनन्द हुआ। माता के सुख का स्मरण कर भगवत्-प्रदत्त इस आनन्द-ऐश्वर्य को ध्रुव ने स्वीकार किया।

भगवान् विष्णु ने फिर कहा, "ध्रुव, यह मैंने केवल तुम्हें भोग करने के लिए दिया है। यह तुम्हारी तपस्या का सम्पूर्ण फल नहीं है। तुमने जैसी तपस्या की है, वैसी आज तक किसी ऋषि और महर्षि ने भी नहीं की। इसलिए तुम्हें फल भी मैं वैसा ही दूंगा। अभी तो जाओ अपनी माता को, अपने पड़ोसियों को सुखी करो। तुम्हारा ऐश्वर्य देखकर महाराज उत्तानपाद को ज्ञान होगा। वह तुम्हारा अधिकार तुम्हें देकर पतन के गर्त में पड़ी हुई अपनी आत्मा का उद्धार करेगा। इसलिए तुम अपने पिता के राज्य के भी अधिकारी होगे। जब तुम्हारा भोग पूरा हो जायगा, जब तुम्हारे स्वर्गारोहण का समय होगा, तब मैं तुमसे मिलूंगा और तुम्हारे रहने के लिए सब लोकों से ऊँचा और कभी चंचल और आवर्तित न होनेवाला जो लोक तुम्हारे लिए मैंने बनाया है, वहाँ तुम्हें ले जाऊँगा। तुम्हें ज्ञान देने का श्रेय तुम्हारी माता को है—वह सती और अत्यन्त धर्मपरायण स्त्री है, इसलिए वह भी तुम्हारे साथ रहेगी, तुम्हारा लोक ध्रुव-लोक के नाम से प्रसिद्ध होगा।"

यह कहकर भगवान् अन्तर्धान हो गये। जो सेना ध्रुव को दे गये थे, उसके सेनापति ने सम्मानपूर्वक ध्रुव को हाथी पर बैठाल लिया और महाराज उत्तानपाद की राजधानी की ओर चलने के लिए अपने अधीन सेनापतियों को इशारा किया। तमाम वाहिनी राज्य की तरफ चली। साथ जुझाऊ बाजे बजते जाते थे। सुश्रृंखलित होकर सेनापतिगण अपनी-अपनी वाहिनी बढ़ा रहे थे। क्रमशः महाराज उत्तानपाद की राजधानी नजदीक हो आयी। जुझारु बाजे का शब्द सुनकर राज्य के लोग बहुत डरे। लड़ाई के सामान पहले से तैयार न थे। महाराज उत्तानपाद को भी बड़ा भय हुआ। चारों ओर खबर उड़ गयी कि राज्य पर कोई दूसरा राजा चढ़ आया है। महाराज ने अपने मन्त्रियों को बुलाया और इस सम्बन्ध में सलाह करने लगे। मन्त्रियों ने सलाह दी कि अब एकाएक लड़ाई की तैयारी नहीं हो सकती है, इसलिए मित्रभाव से मिलना ही ठीक होगा। मन्त्रियों की राय महाराज को उचित जंची।

फिर तो भेंट की तैयारियाँ होने लगीं। अच्छी-अच्छी चीजें नजर के

लिए लेकर मन्त्री उस चढ़नेवाले राजा से मिलने के लिए चले। भोज्य, पेय, धन-धान्य, हीरे-जवाहिरात, अच्छी-अच्छी बहुमूल्य अनेक वस्तुएँ थीं। सेना के मुख्य भाग में ध्रुव के सेनापति थे। इधरवालों ने भेंट लेकर मिलने की इच्छा अपने दूत के द्वारा जाहिर की। सेनापति आपस में एक-दूसरे की ओर इशारेबाजियाँ करके मुस्कराने लगे। उन्होंने आपस में सलाह करके भेंट वापस कर दी और कह दिया कि हम राज्य के लोभ से महाराज उत्तानपाद पर चढ़कर नहीं आये। हम महाराज ध्रुव के नौकर हैं। वे अपने पिता और माता के दर्शनों के लिए जा रहे हैं। यहाँ के लोग और महाराज उत्तानपाद किसी प्रकार का सन्देह न करें।

मन्त्रियों को सुनकर बड़ी प्रसन्नता हुई। कुछ लोग तो खबर देने के लिए महाराज के पास चले आये। बात-की-बात में नगर-भर में खबर फैल गयी कि तपस्या के बल से ध्रुव को अमित ऐश्वर्य मिला है। यह खबर ध्रुव की दुःखिनी माता सुनीति देवी के पास भी पहुँची। पुत्र के सकुशल अमित धन-सम्पत्ति का अधिकारी होकर लौटने के संवाद ने उन्हें सुख-विह्वल कर दिया। पुत्र को देखने की लालसा से वे अधीर हो गयीं। उधर सुरुचि को मालूम हुआ कि ध्रुव को परमात्मा ने विशाल ऐश्वर्य का मालिक बनाकर भेजा है। उसके हृदय में इस संवाद से बड़ी ज्वाला उत्पन्न हुई। इसके साथ ही भविष्य के दुःखमय जीवन पर उसका ध्यान गया। उसने सोचा कि अब मेरे पुत्र को तो किसी तरह राजगद्दी मिल ही नहीं सकती, बल्कि मेरी अब वही दुर्दशा होगी, जो बड़ी रानी की मैंने की थी। उसे दुःसह दुःख होने लगा। परन्तु उपाय कुछ न था। किसी के सब दिन बराबर नहीं जाते।

अनन्तर पहले ध्रुव उस वन में गये, जहाँ उनकी दुःखिनी माता सुनीति देवी रहती थीं। अपनी कुटिया के द्वार पर खड़ी हुई वे अपने पुत्र की बाट जोह रही थीं। जब से ध्रुव के आने का हाल उन्हें मिला हुआ था, तब से वे कुटिया के बाहर ही पुत्र की प्रतीक्षा कर रही थीं। दूर से ध्रुव को आते हुए माता ने देखा। प्रेम उमड़ चला। पुत्र की सफलता पर माता की आँखों से प्रेम के आँसू बह चले। तपोवन के पास आकर वह हाथी से उतर पड़े

और पैदल ही माता की कुटिया की ओर बढ़े। ऋषि और उनकी पत्नियाँ और बचपन के साथी ऋषि बालक, सब उनके द्वार पर एकत्र हो रहे थे। पास पहुँचकर ध्रुव ने पहले माता को साष्टांग प्रणाम किया। फिर सब ऋषियों और ऋषि-पत्नियों की चरण-धूलि धारण की। माता ने बच्चे को बड़े प्यार से छाती से लगा लिया। उनका चिरकाल का दुःख एक क्षण में दूर हो गया। ऋषियों ने ध्रुव को आशीर्वाद दिया, उनकी तपस्या की तारीफ की। तब तक महाराज उत्तानपाद भी बाजे-गाजे के साथ सेना और पालकी लेकर तपोवन में जा पहुँचे। ध्रुव ने पिता को प्रणाम किया। महाराज ने अपने पुत्र की सफलता पर अपने जीवन को धन्य माना। उन्होंने रानी सुनीति देवी से राजधानी में चलने की प्रार्थना की। ध्रुव को भी उन्होंने राजधानी में चलकर रहने के लिए कहा। महाराज की आज्ञा सुनीति ने शिरोधार्य कर ली। वे पालकी पर बैठीं। ध्रुव भी पिता के साथ हो लिये। धूम-धाम से रानी सुनीति और ध्रुव को लेकर महाराज राजधानी में गये। ध्रुव ने सुरुचि को प्रणाम किया और उत्तम को गले से लगाया। सुनीति को प्रणाम कर सुरुचि ने अपने पापों के लिए क्षमा-प्रार्थना की। राज-परिवार आनन्दपूर्वक मिलकर रहने लगा। पहले का वैर-विरोध दूर हो गया।

कुछ दिनों के बाद महाराज उत्तानपाद ने ध्रुव को युवराज के पद पर अभिषिक्त कर देने का विचार किया। मन्त्रियों ने भी सलाह दी। दिन स्थिर किया गया। पुरोहितजी ने उत्तम दिन देखकर बतलाया। उनके अनुशासन के अनुसार अभिषेक की कार्यवाही होने लगी। भारतवर्ष में जितने तीर्थ थे, सब तीर्थों का जल मँगवाया गया। इधर ज्यों-ज्यों अभिषेक के दिन नजदीक होते आ रहे थे, त्यों-त्यों आनन्दोपचार बढ़ते जा रहे थे। निश्चित दिन पर ब्राह्मणों के आशीर्वाद से महाराज उत्तानपाद ने ध्रुव को युवराज के पद पर अभिषिक्त कर दिया और स्वयं वानप्रस्थ ग्रहण कर तपस्या में व्रती हो गये।

पिता के पश्चात् दीर्घकाल तक ध्रुव ने राज्य किया, उनकी शासन-